U0124915

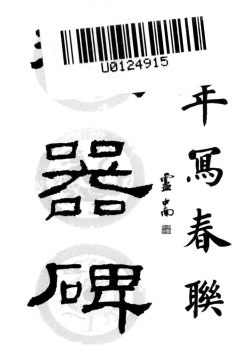

器碑

手寫春聯

靈南

罗锡清 编

河南美术出版社
·郑州·

图书在版编目（CIP）数据

过年写春联．礼器碑／罗锡清编．— 郑州：河南美术出版社，2023.10

ISBN 978-7-5401-6334-1

Ⅰ．①过… Ⅱ．①罗… Ⅲ．①隶书－法帖－中国－东汉时代 Ⅳ．①J292.2

中国国家版本馆 CIP 数据核字 (2023) 第 191035 号

过年写春联　礼器碑

罗锡清　编

出 版 人　王广照
责任编辑　庞　迪
责任校对　王淑娟
装帧设计　庞　迪
制　　作　张国友
出版发行　河南美术出版社
　　　　　地址：郑州市郑东新区祥盛街 27 号
　　　　　邮编：450016
　　　　　电话：(0371) 65788152
印　　刷　河南美图印刷有限公司
开　　本　787 毫米 ×1092 毫米　1/16
印　　张　6
字　　数　60 千字
版　　次　2023 年 10 月第 1 版
印　　次　2023 年 10 月第 1 次印刷
书　　号　ISBN 978-7-5401-6334-1
定　　价　25.00 元

关于春联

春联以工整、对偶、简洁、精巧的文字描绘时代背景，抒发美好愿望，是我国特有的一种文学形式。每逢春节，无论城市还是农村，家家户户都要精选一副副春联贴于门上，为节日增加喜庆气氛。

相传，中国最早的春联出自五代后蜀国君孟昶。《宋史·西蜀孟氏》记载："（孟昶）每岁除，命学士为词，题桃符，置寝门左右。末年，学士幸寅逊撰词，昶以其非工，自命笔题云：'新年纳余庆，嘉节号长春。'"大意是：人们在新年享受着先代的遗泽，佳节预示着春意常在。

过年贴春联的民俗起源于宋代，并在明代开始盛行。据《簪云楼杂说》载，明太祖朱元璋酷爱对联，不仅自己挥毫书写，还常常鼓励群臣书写。有一年除夕，他传旨：公卿士庶家，门口须加春联一副。后太祖微服出巡，看见各家张贴的春联十分高兴。当他行至一户人家，见门上没有春联，便问何故。原来主人是个杀猪的，正愁找不到人写春联。朱元璋当即挥笔写下了一副内容为"双手劈开生死路，一刀割断是非根"的春联送给了这户人家。从这个故事中，我们可以看出朱元璋对春联的大力提倡，也正是因为他的身体力行，才推动了春联的普及。

到了清代，春联的思想性和艺术性都有了很大提高。梁章钜所撰《楹联丛话》对楹联的起源及各门类作品的特色都一一做了论述，其中就专门提到春联。

春联在实际应用中，其含义在一定程度上被泛化了。常见的"春联"，根据其使用场所与张贴位置的不同，可分为门心、框对、横批、春条、斗斤等。"门心"贴于门板上端中心部位；"框对"贴于左右两个门框上；"横批"贴于门楣的横木上；"春条"是根据不同的内容，贴于相应位置的单幅文字，如过年时在庭院里贴的“抬头见喜”“出入平安”“恭喜发财”等；“斗斤”也叫“门叶”，为菱形，多贴在家具、单扇门或影壁上，春节时大家喜欢贴的“福”字，就属于“斗斤”。

春节贴“福”字，是我国民间由来已久的风俗。据《梦粱录》记载：“岁旦在迩，席铺百货，画门神桃符，迎春牌儿。”“士庶家不论大小，俱洒扫门闾，去尘秽，净庭户，换门神，挂钟馗，钉桃符，贴春牌，祭祀祖宗。”文中的“春牌”即写在红纸上的“福”字，“福”字代表的是“幸福”“福气”“福运”。民间还有将“福”字精描细作成各种图案的，图案有寿星、寿桃、鲤鱼跳龙门、五谷丰登、龙凤呈祥等。春节贴“福”字，无论是过去还是现在，都寄托了人们对幸福生活的向往和对美好未来的祝愿。

俗话说：“一年之计在于春。”在人们的传统观念里，一年中有个好的开端是最惬意、最吉利的事。无论在过去的一年里有什么高兴、得意的事，还是有什么不如意的事，人们总是希望未来的一年过得更好。因此，在新春即将到来之时，贴春联恰好可以表达这种美好的愿望。加之我国人民自古就有乐观向上的精神，寄希望于未来，祈盼未来自己会有好运。于是人们借助春联表达对即将过去的一年的怀念和感悟，以及对新的一年的期盼与希望。

民间有“腊月二十四，家家写大字”的说法，随着中国传统文化的复兴，过年写春联已经成为一种时尚。中国人过春节讲究喜庆、吉利、热闹，人们在春节期间吃好的、喝好的、穿新衣、放鞭炮、走亲访友等，这都体现了人们对美好生活的向往，而写春联恰恰暗合了这一点。

“过年写春联”是河南美术出版社近年来精心打造的一个品牌书系。该社邀请了全国知名书家用楷、行、篆、隶四种书体对精选的春联内容进行书法创作，也邀请了高校教师及相关专业人士用古代经典碑帖或名家书法对春联内容进行集字、组合，使这套书的品种丰富多样，可满足读者手写春联的各种需求。希望这套书能为中国传统春节文化增添一笔浓重的“中国红”。

杨　华

目录

44	向阳门第春常在	富贵人家庆有余
45	华夏有天皆丽日	神州无处不春风
46	一帆风顺吉星到	万事如意福临门
47	和顺一门添百福	平安二字值千金
48	百花迎春香满地	万事如意喜临门
49	爆竹声中除旧岁	梅花香里报新春
50	春趁梅花香里到	福随爆竹暖中生
51	三春大地回元气	一统山河际太平
52	大地春风温我宅	中天丽日到吾家
53	福随瑞气来庭院	财伴春风入宅门
54	爆竹四起接五福	梅花一枝报三春
55	花开富贵家家乐	灯照吉祥岁岁欢
56	家添财富人添寿	春满阶庭福满门
57	九州瑞气迎春到	四海祥云降福来
58	绿竹别具三分景	红梅正报万家春
59	满园桃李逢春发	入室芝兰竟日香
60	梅传春信寒冬去	竹报平安好日来
61	门迎晓日财源广	户纳春风吉庆多
62	全家平安添百福	满门和顺纳千祥
63	人逢盛世豪情壮	节到新春喜气盈
64	瑞气满门吉祥宅	春光及第如意家
65	三春草长如人意	万里河流似利源
66	山欢水笑春满地	人寿年丰喜盈门
67	生意如同春意美	财源更比水源长
68	民安国泰逢盛世	风调雨顺颂华年
69	天地和顺家添财	平安如意人多福
70	天开美景风云静	春到人间气象新
71	万事如意满门顺	四季平安全家福
72	五湖生意如云集	四海财源似水来
73	物华天宝长安乐	人寿年丰大吉祥
74	喜居宝地千年旺	福照家门万事兴
75	新春福旺鸿运开	佳节吉祥如意来
76	秀色青山争入户	祥光瑞日正临门
77	千祥云集家声振	百福年增世业长
78	迎新春平安如意	贺佳节富贵吉祥
79	春风万里山山绿	旭日一轮处处红
80	春临大地花开早	福满人间喜事多
81	瑞气满神州青山不老	春风拂大地绿水长流
82	山清水秀春光日日丽	人寿年丰喜事天天增
83	东风引紫气江山壮丽	大地发春华桃李芬芳
84	瑞雪伴青松江山如画	和风拂翠柳祖国皆春

85~90

福寿光华	新春大吉	吉祥如意	春满神州	天地同春	人欢财旺	纳福迎祥	招财进宝	风调雨顺	新年吉庆
普天同庆	江山如画	天遂人意	一帆风顺	千祥云集	出入平安	竹报三多	五福临门	吉祥门第	瑞气盈门
年年有余	百花争春	万事如意	喜迎新春	春临大地	瑞满神州	大吉大利	春来时至	四季平安	吉祥如意

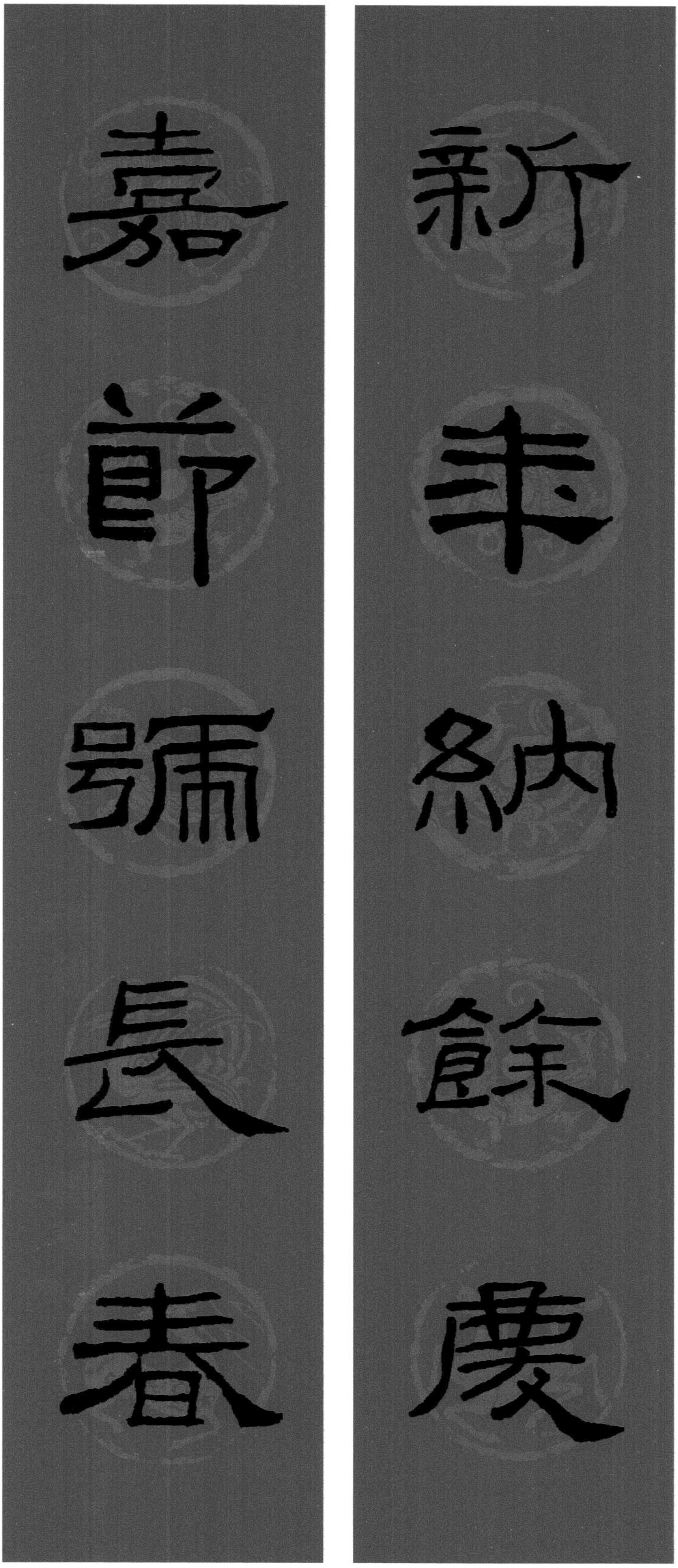

新年纳余庆
嘉节号长春

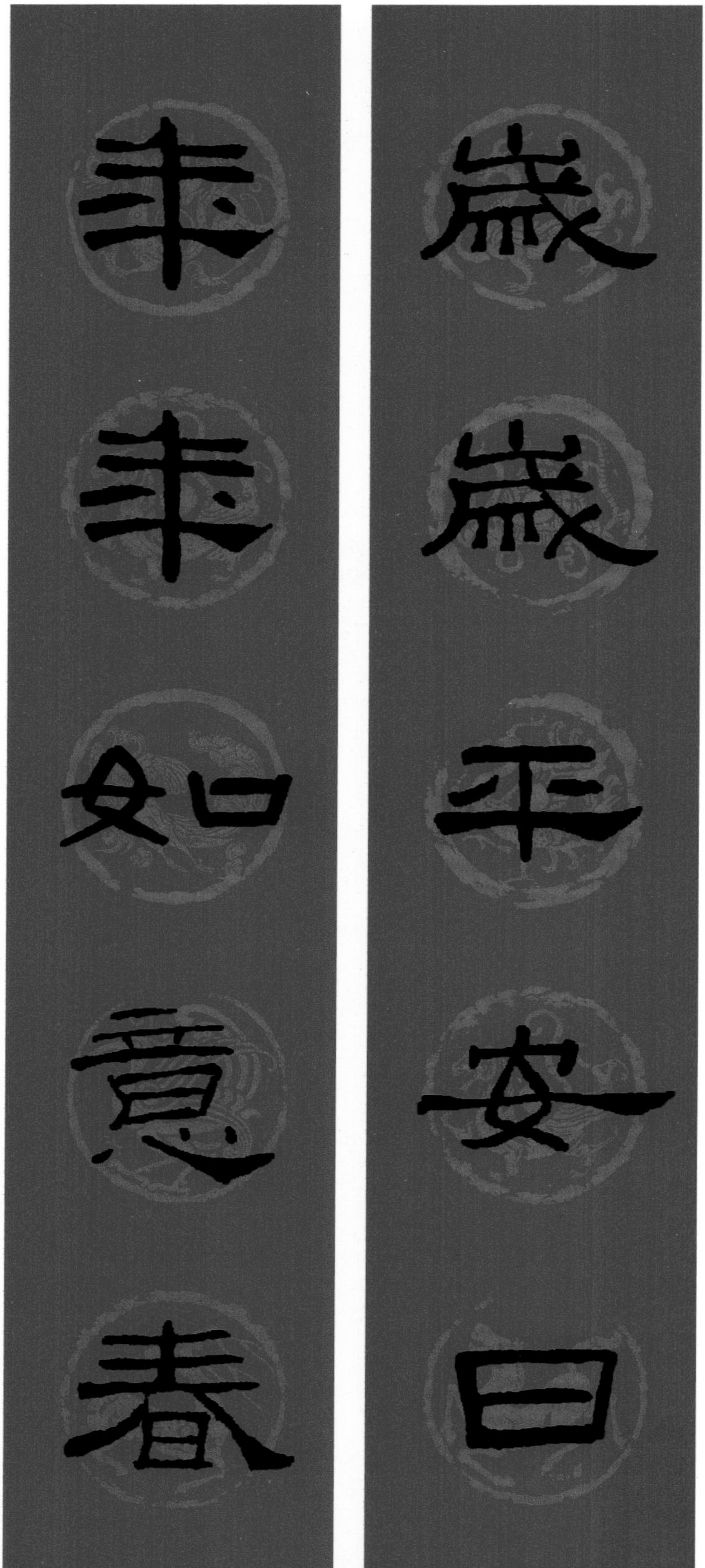

岁岁平安日
年年如意春

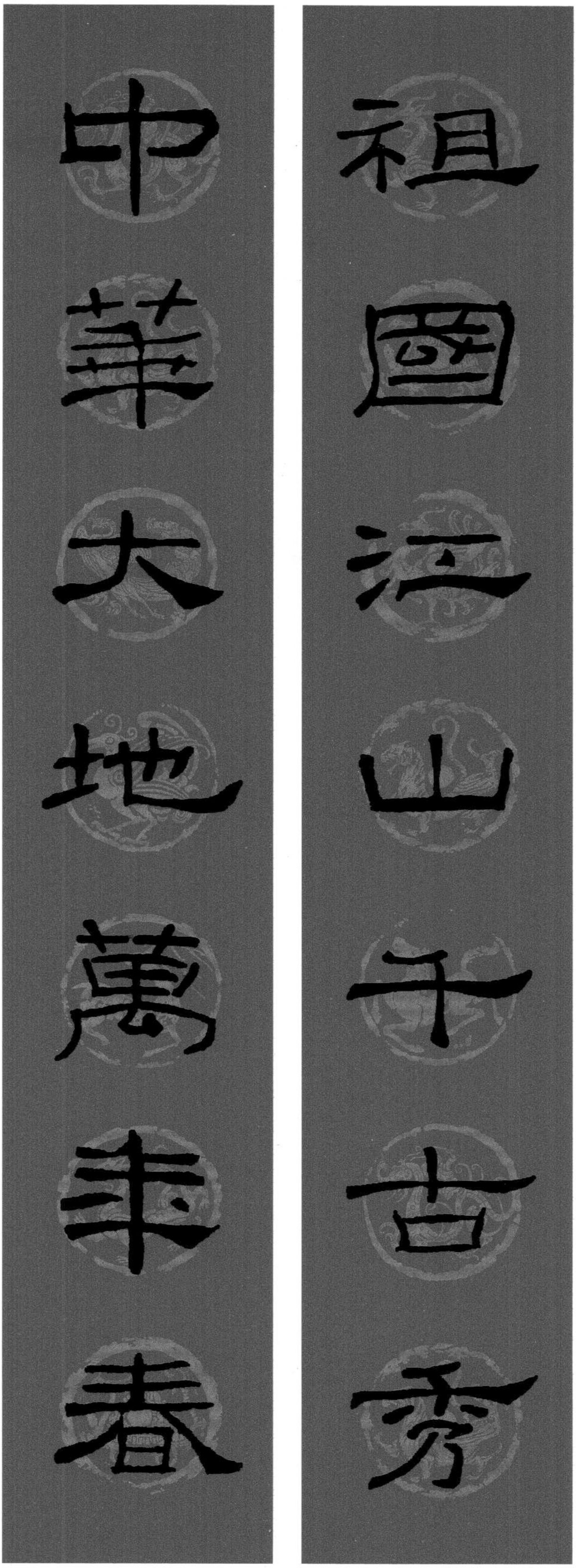

祖国江山千古秀
中华大地万年春

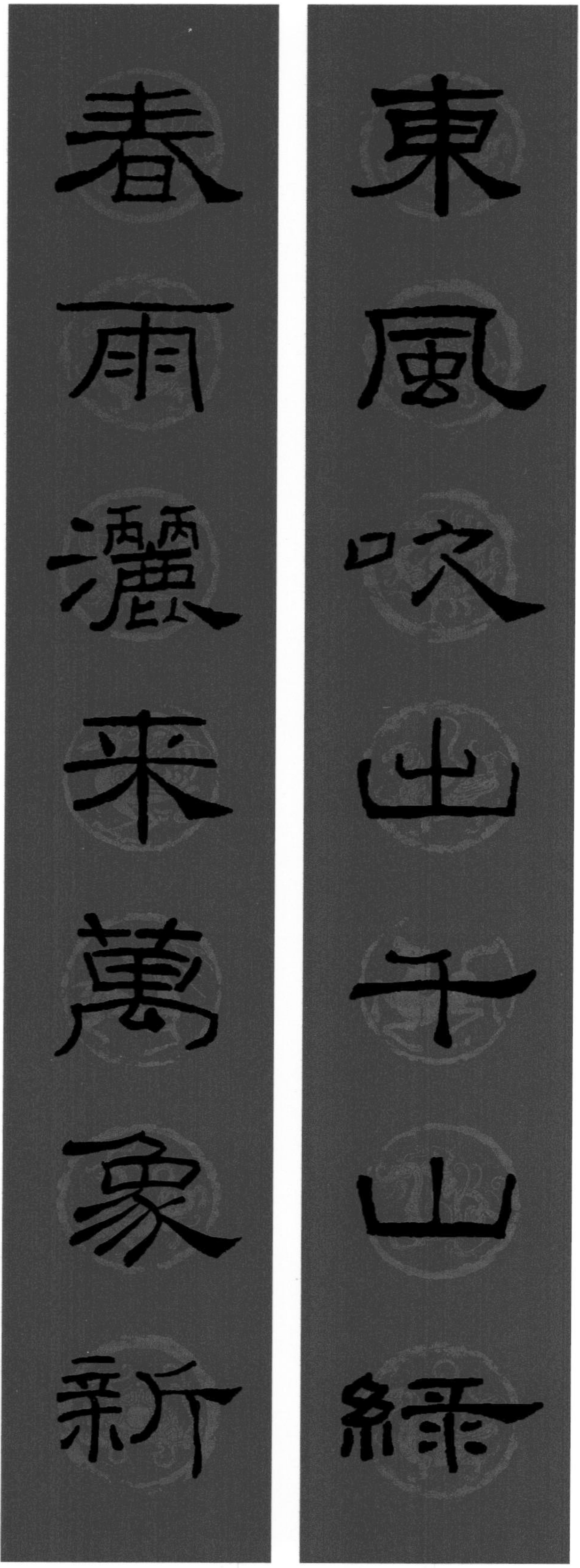
東風吹出千山綠
春雨灑来萬象新

东风吹出千山绿
春雨洒来万象新

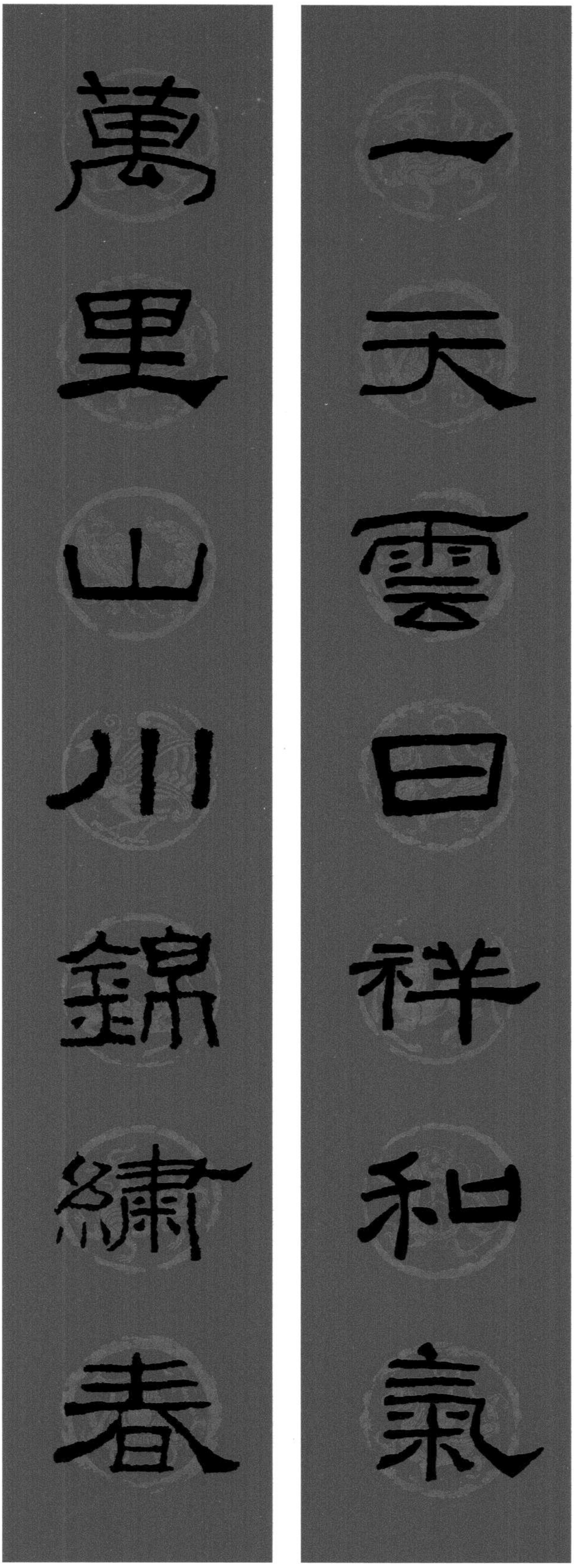

一天云日祥和气
万里山川锦绣春

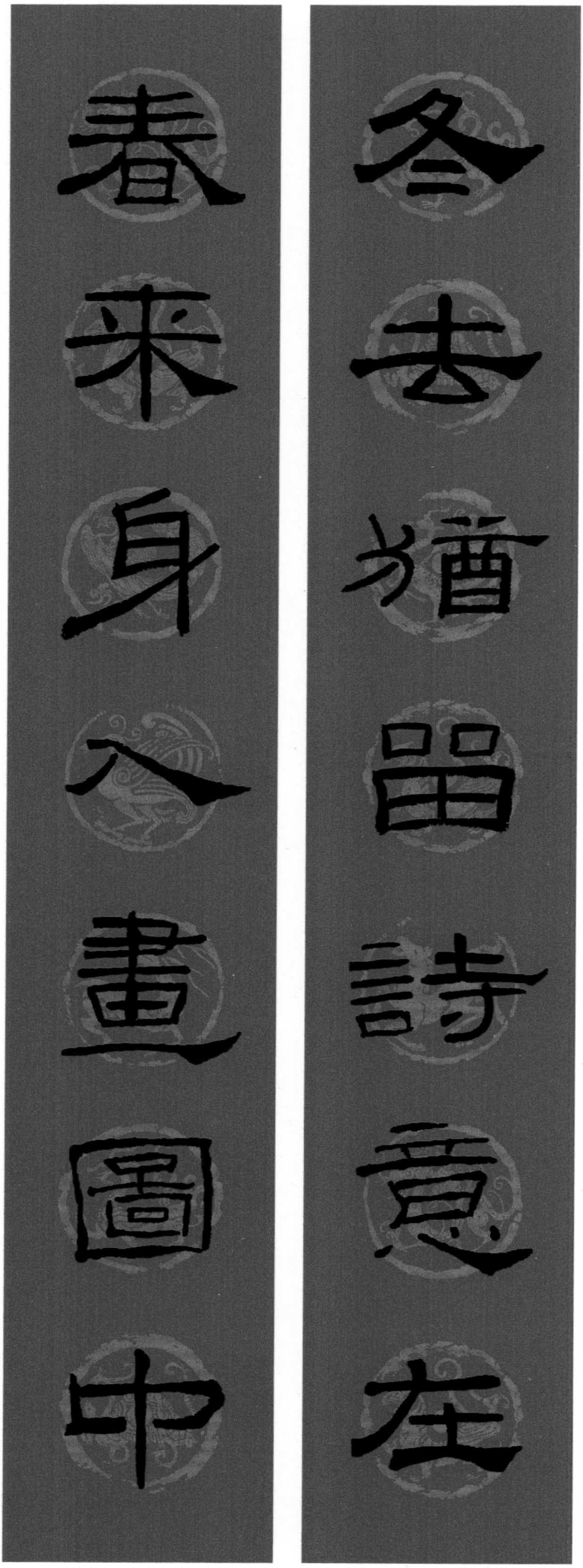

冬去犹留诗意在
春来身入画图中

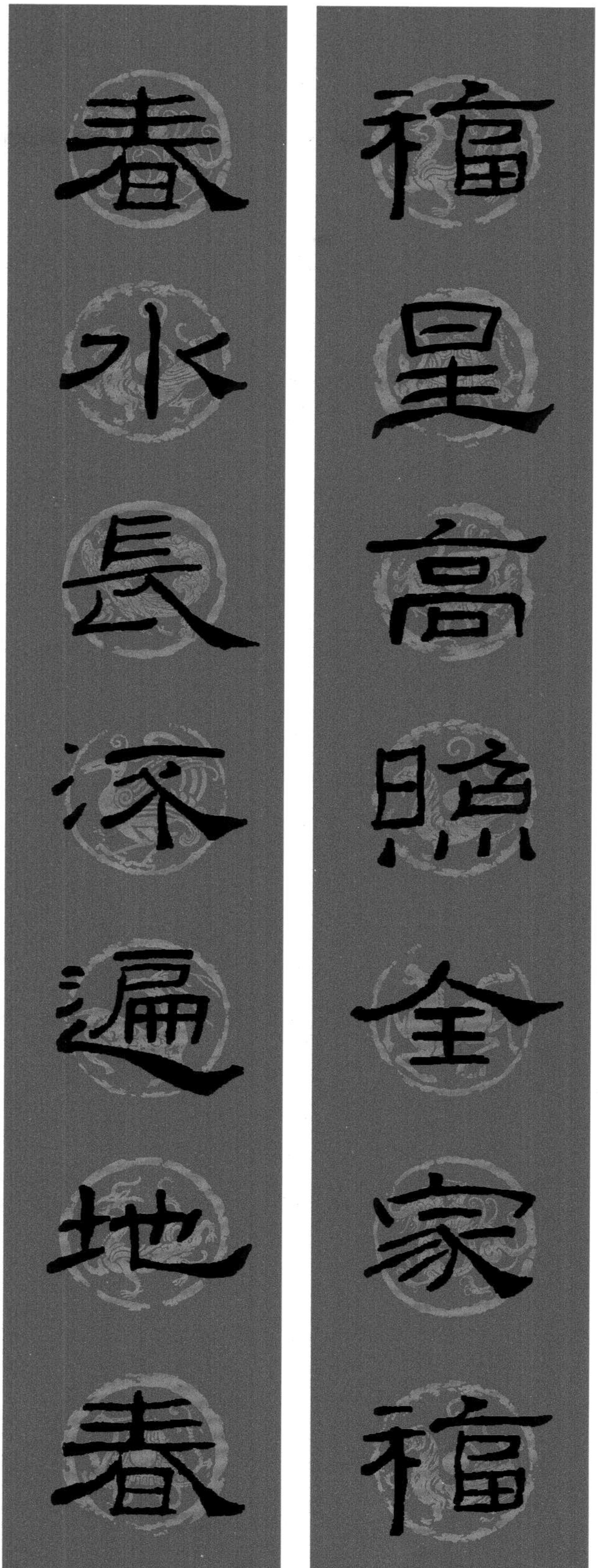

福星高照全家福
春水长流遍地春

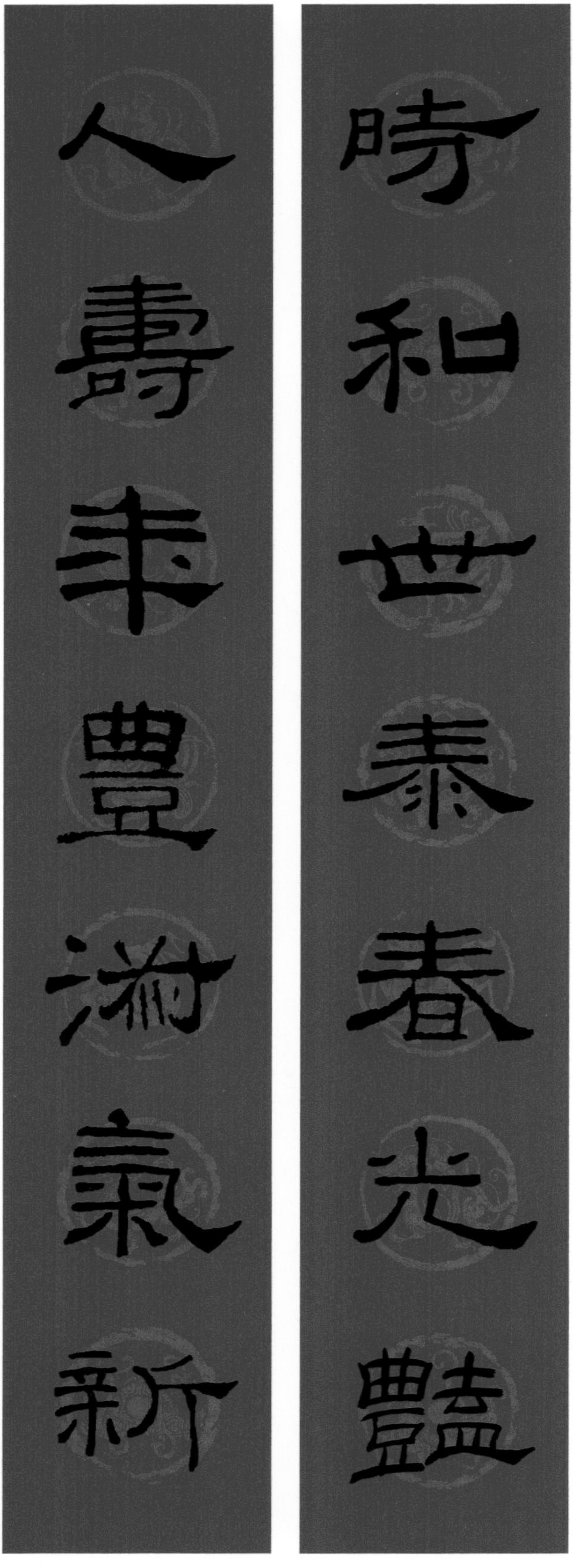

时和世泰春光艳
人寿年丰淑气新

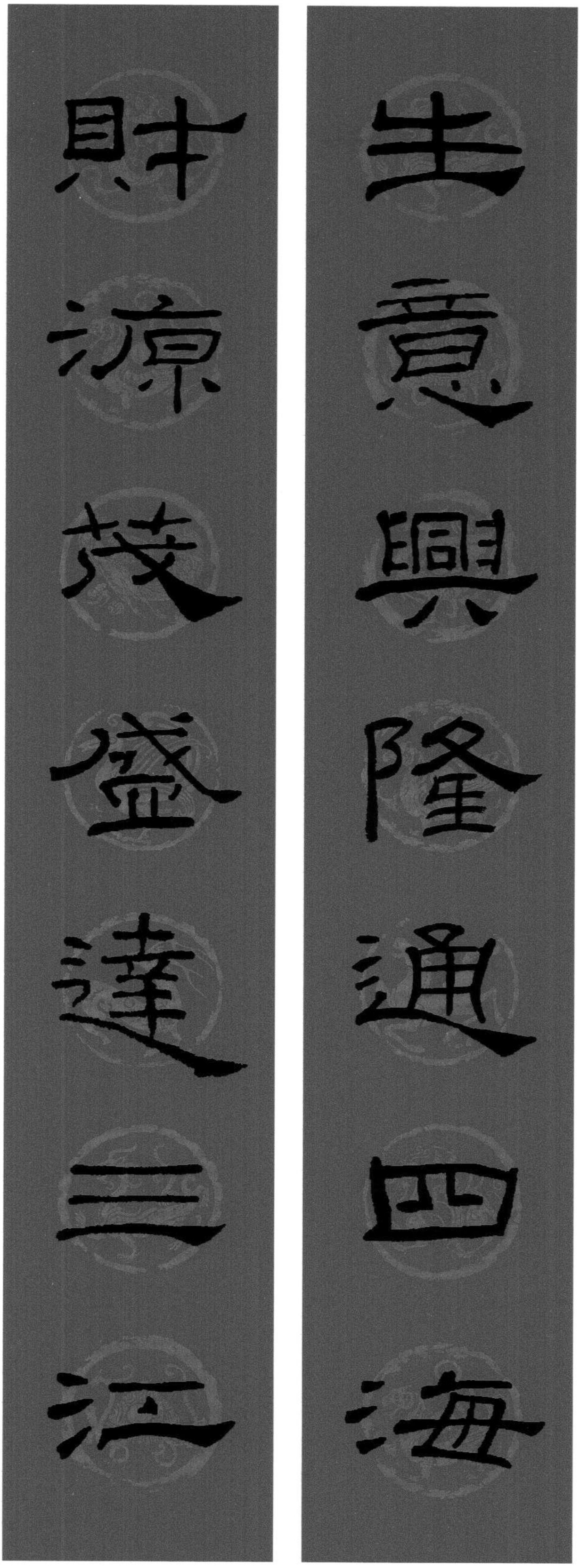
生意興隆通四海
財源茂盛達三江

生意兴隆通四海
财源茂盛达三江

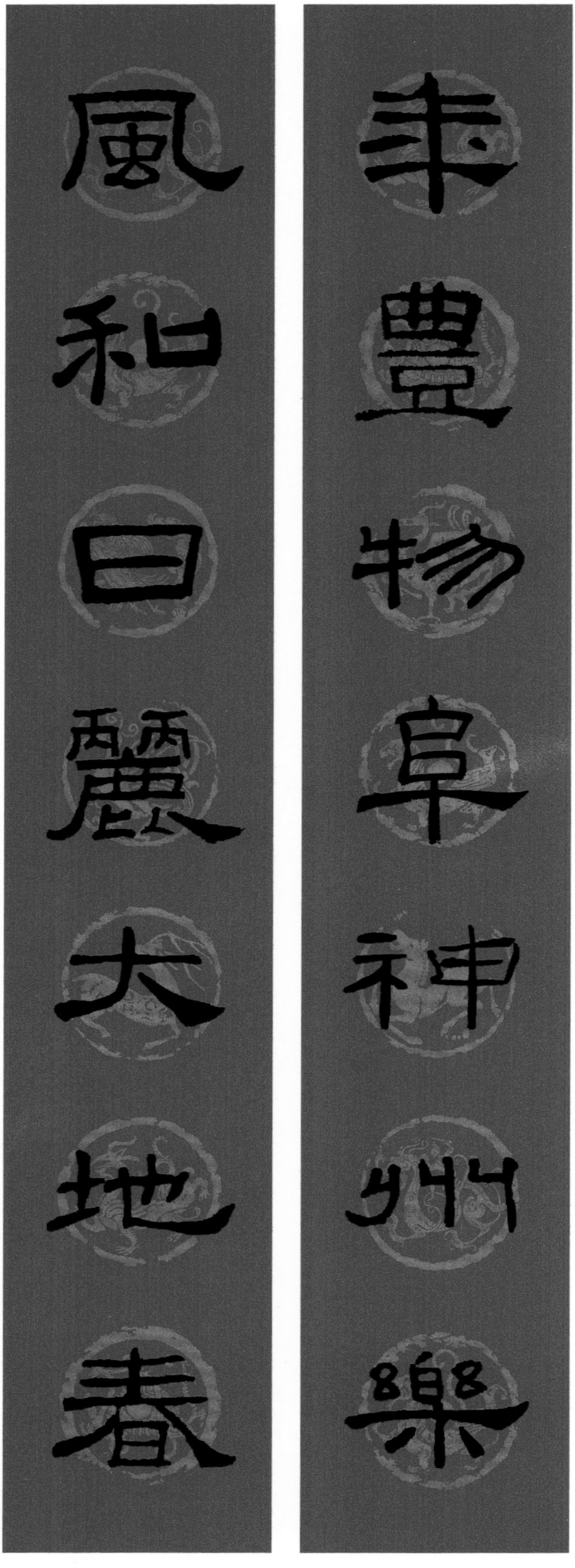

年丰物阜神州乐
风和日丽大地春

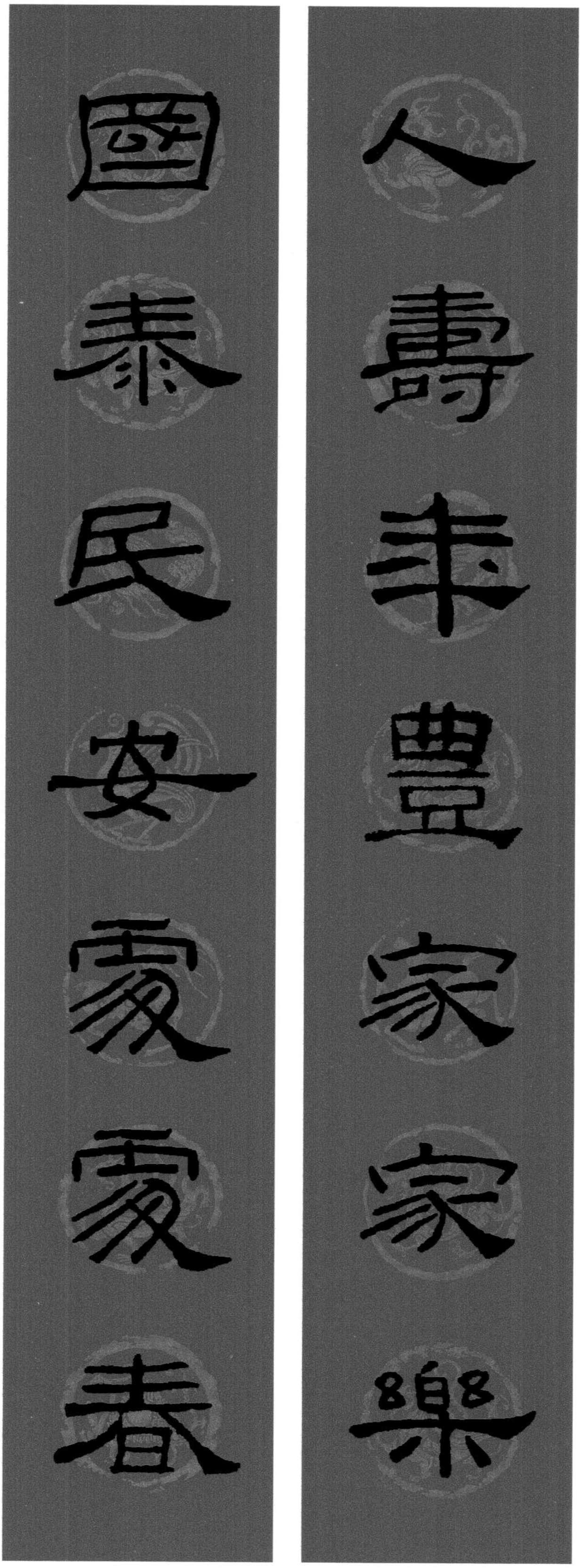

人寿年丰家家乐
国泰民安处处春

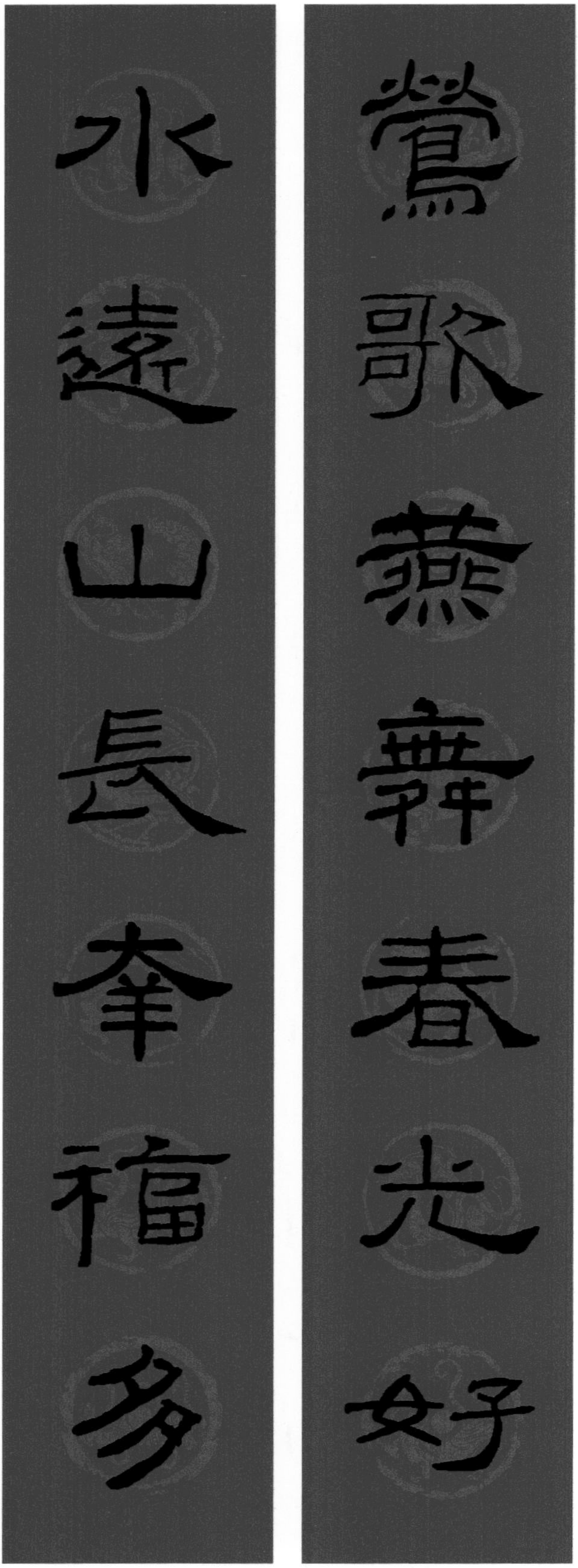

莺歌燕舞春光好
水远山长幸福多

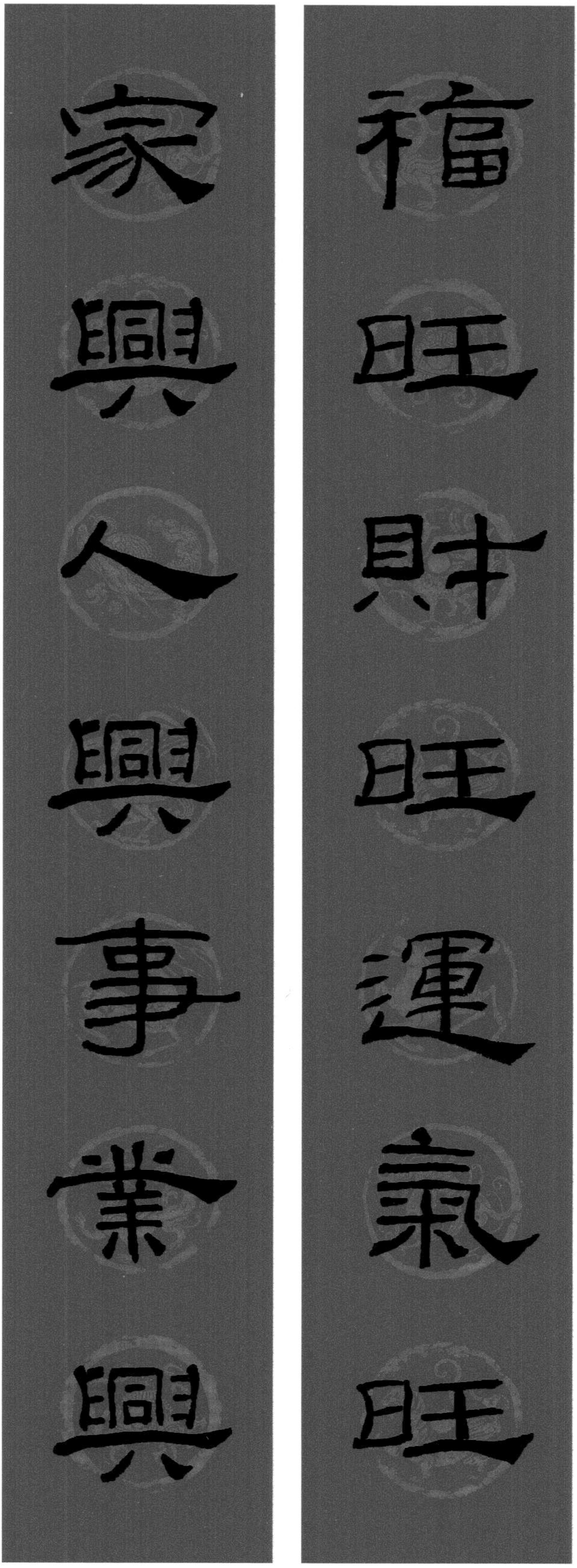
福旺財旺運氣旺
家興人興事業興

福旺财旺运气旺

家兴人兴事业兴

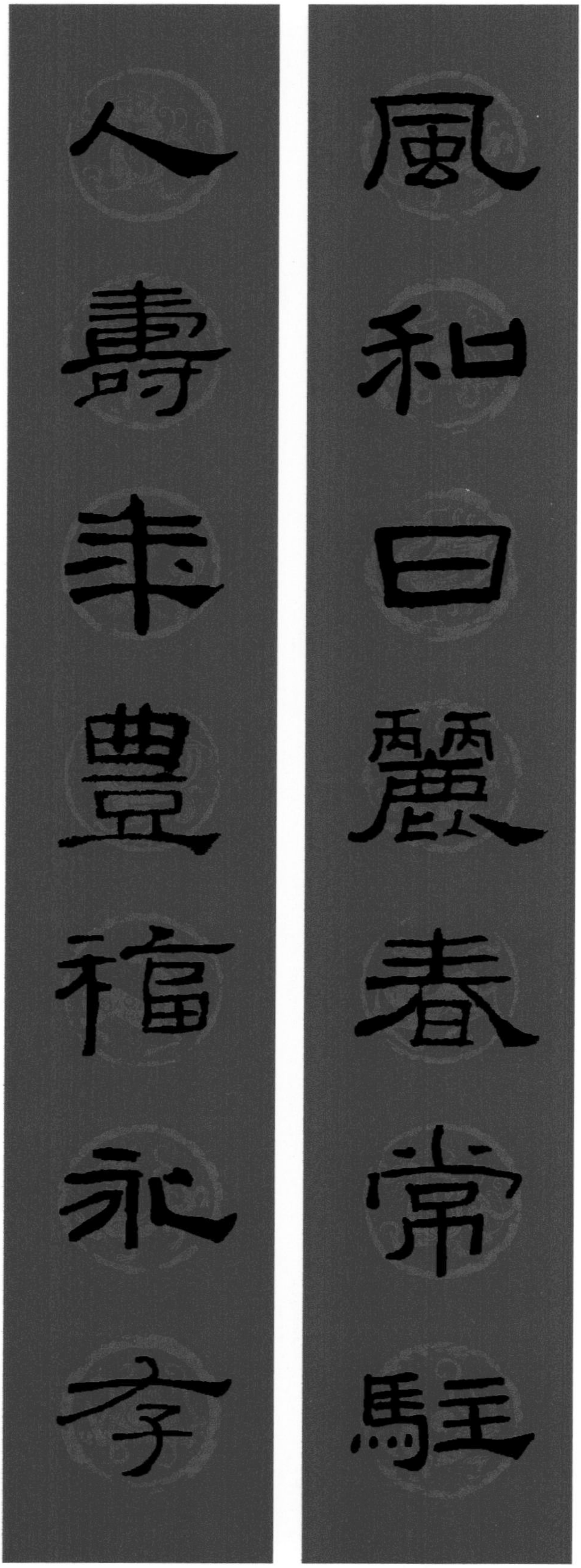

风和日丽春常驻
人寿年丰福永存

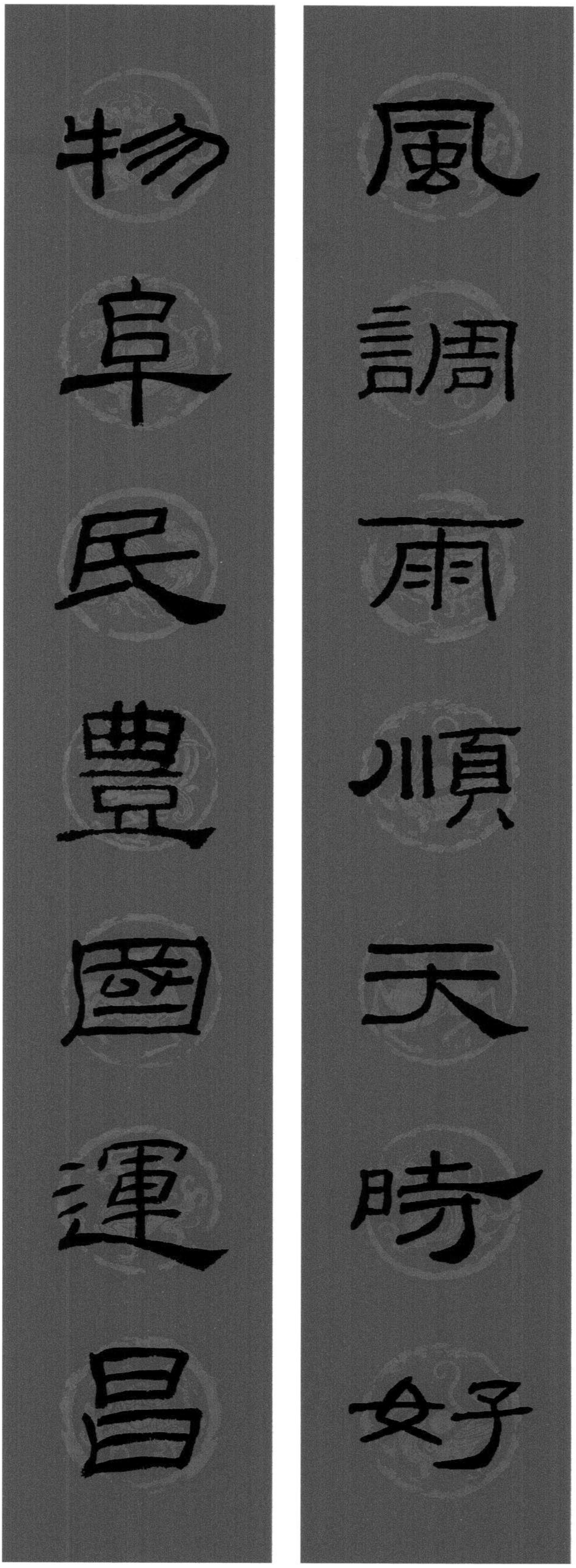

风调雨顺天时好
物阜民丰国运昌

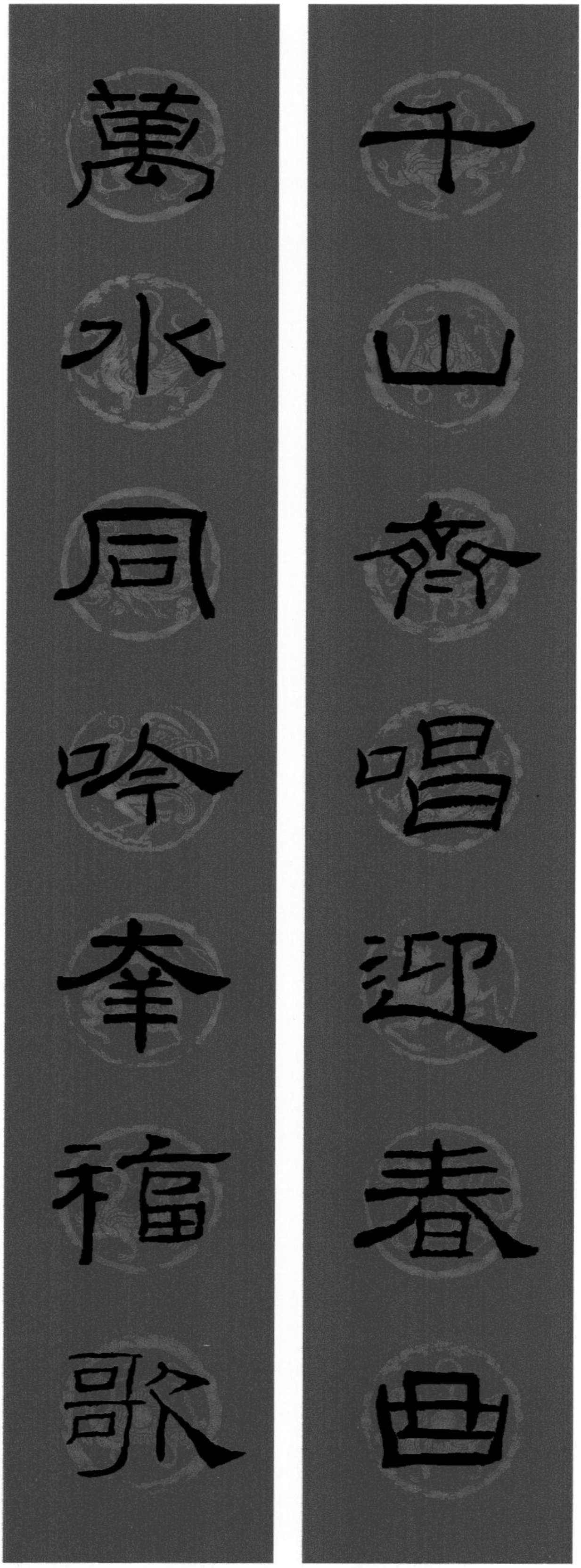

千山齐唱迎春曲
万水同吟幸福歌

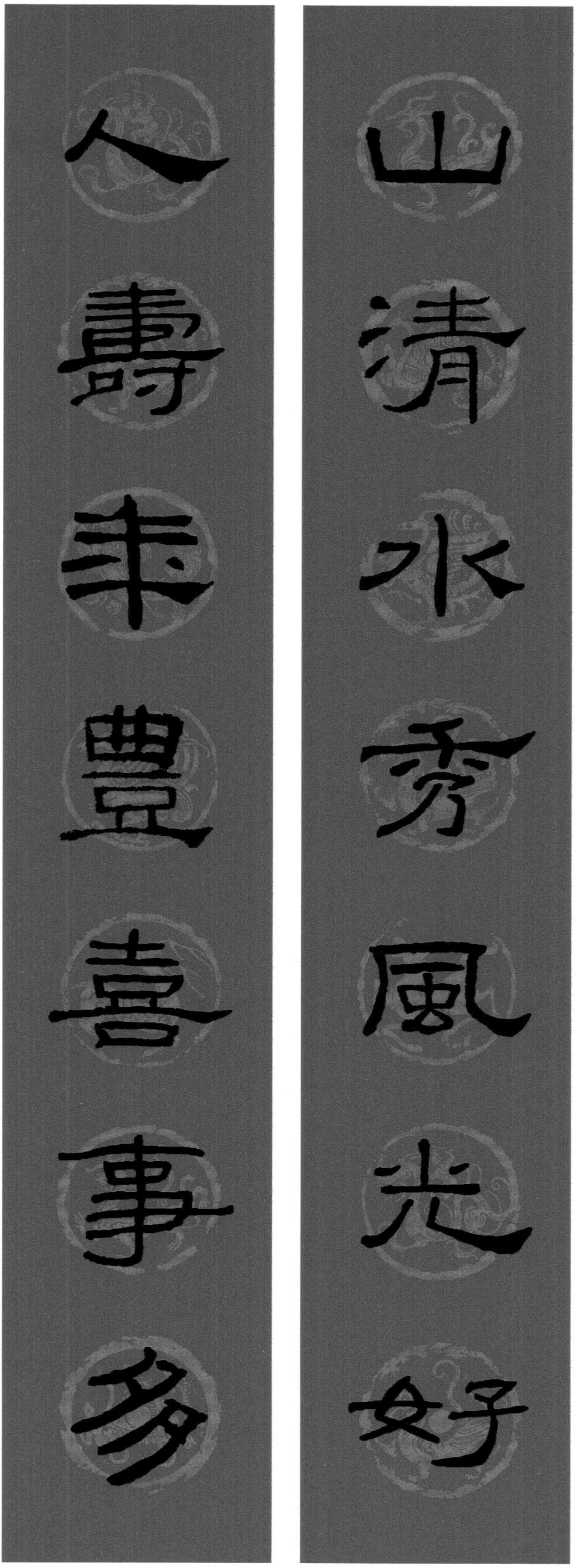

山清水秀风光好
人寿年丰喜事多

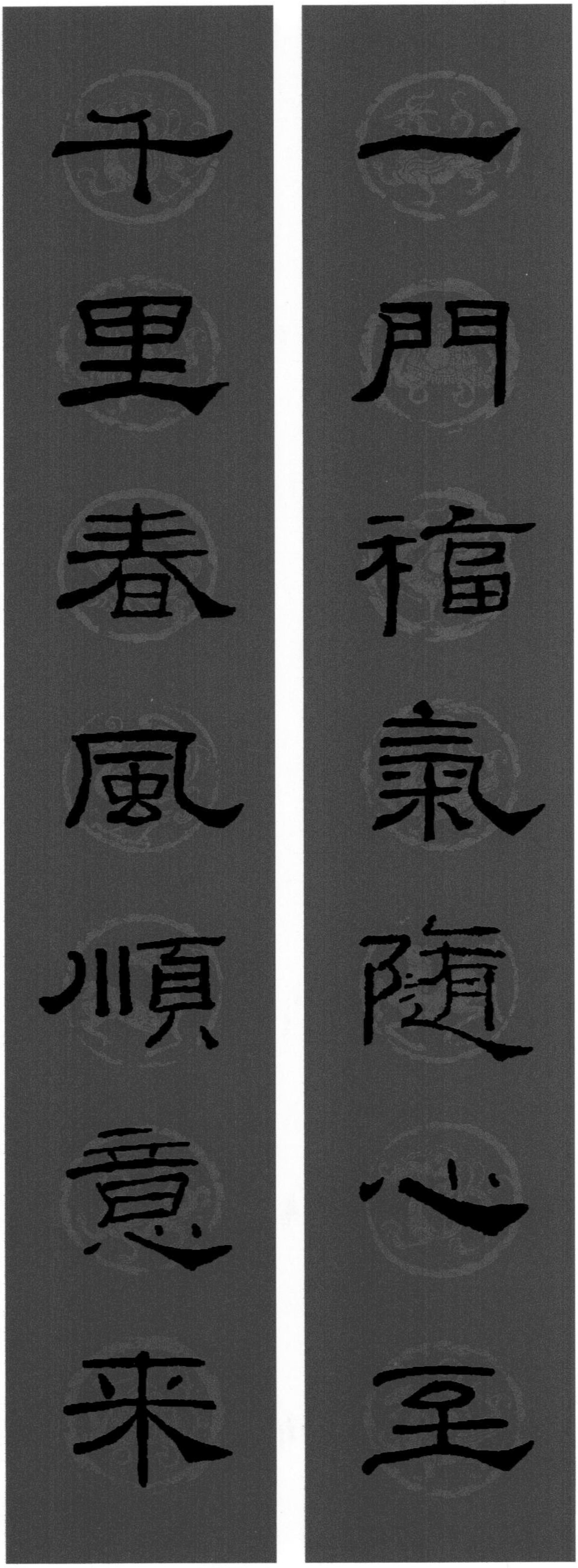

一门福气随心至
千里春风顺意来

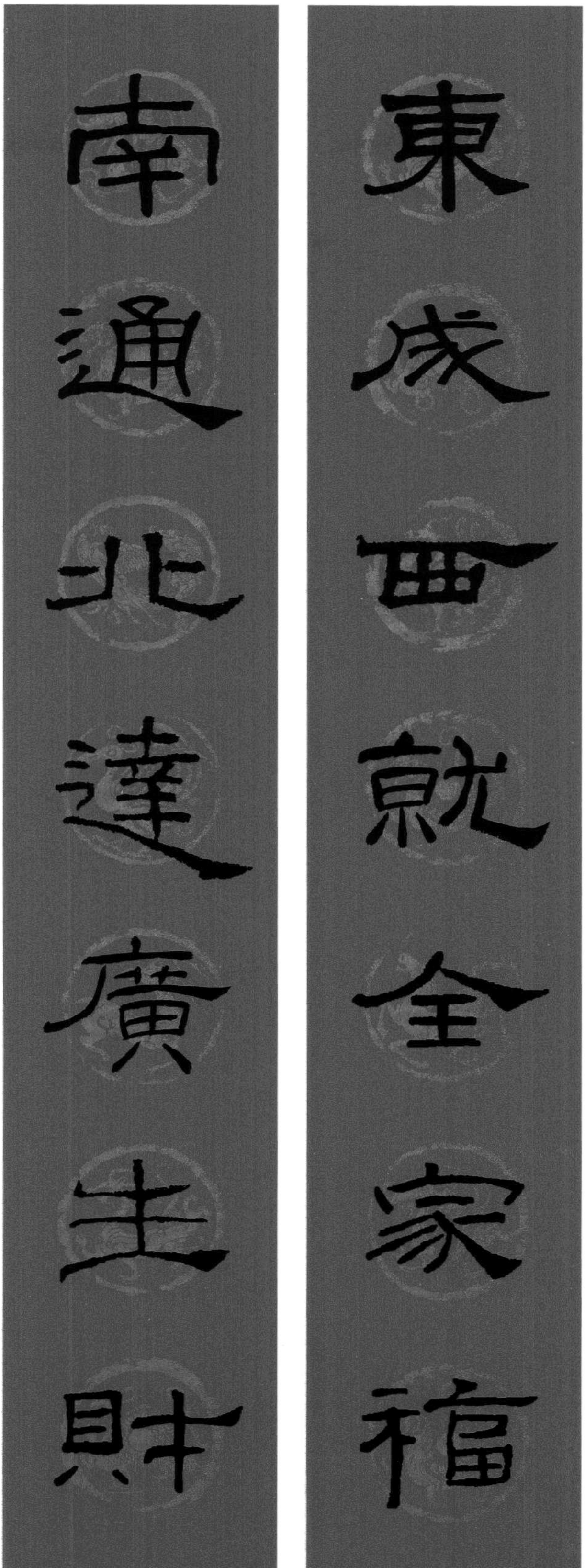

东成西就全家福
南通北达广生财

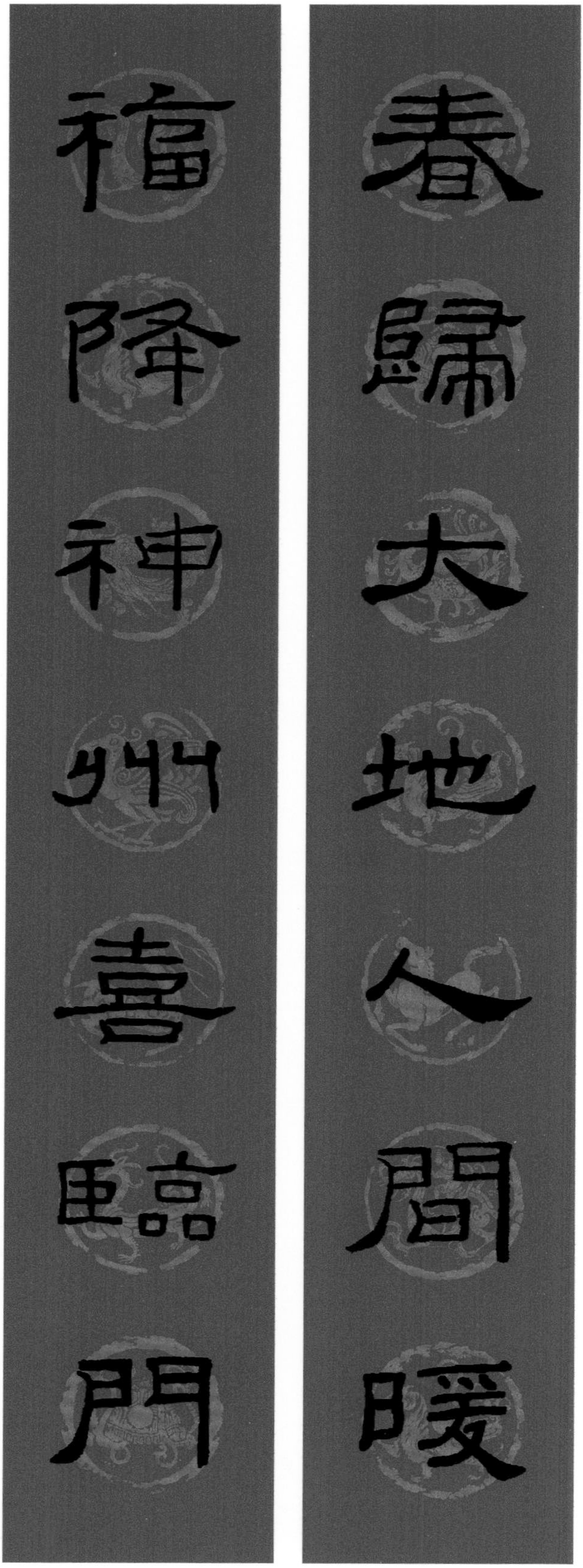

春归大地人间暖
福降神州喜临门

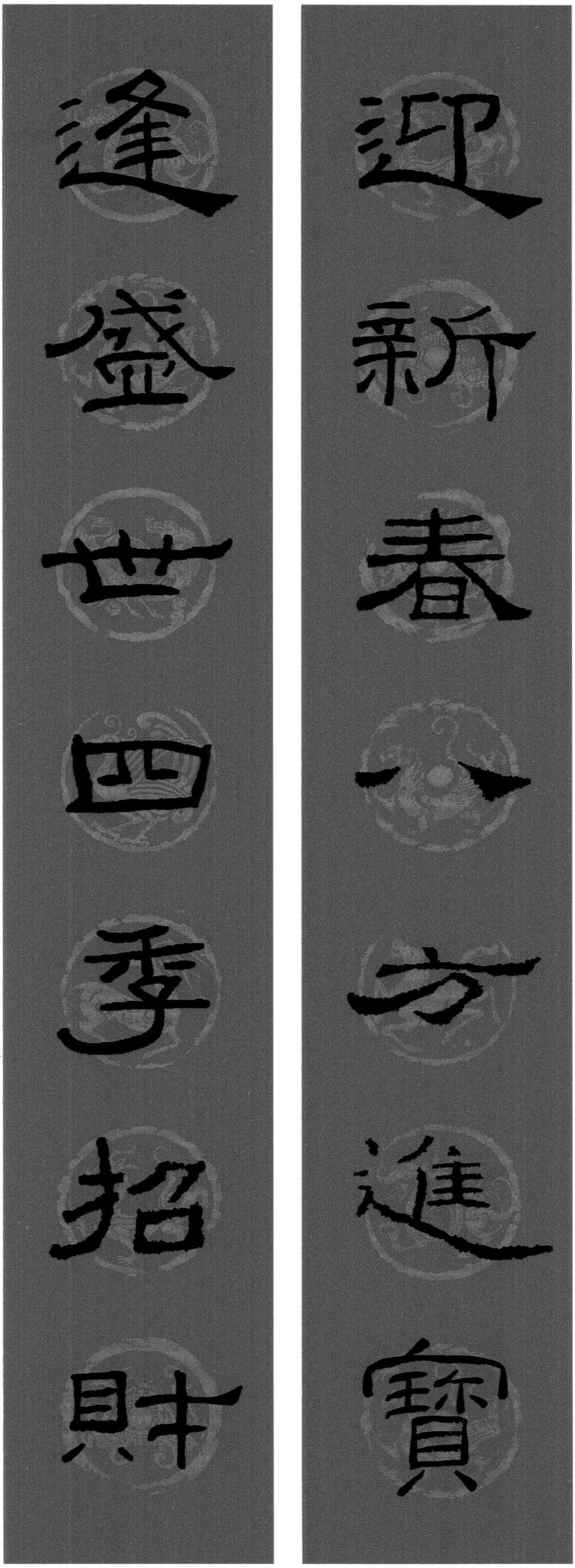

迎新春八方进宝
逢盛世四季招财

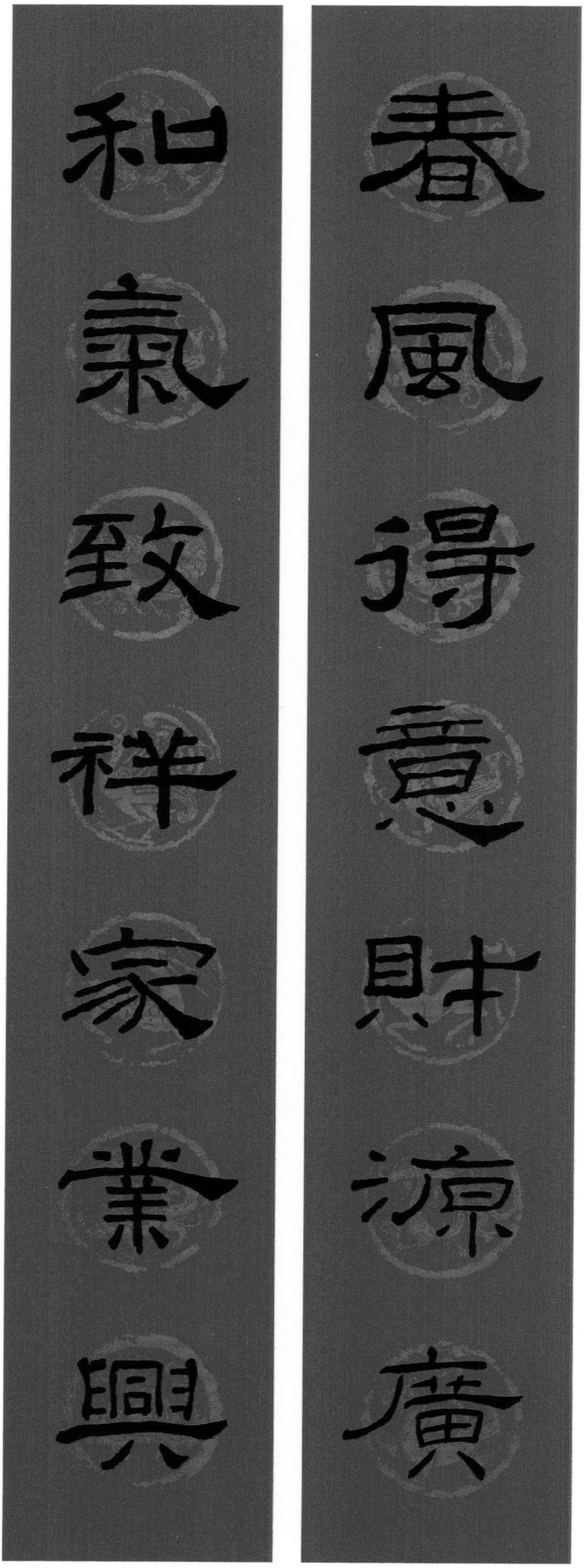

春风得意财源广
和气致祥家业兴

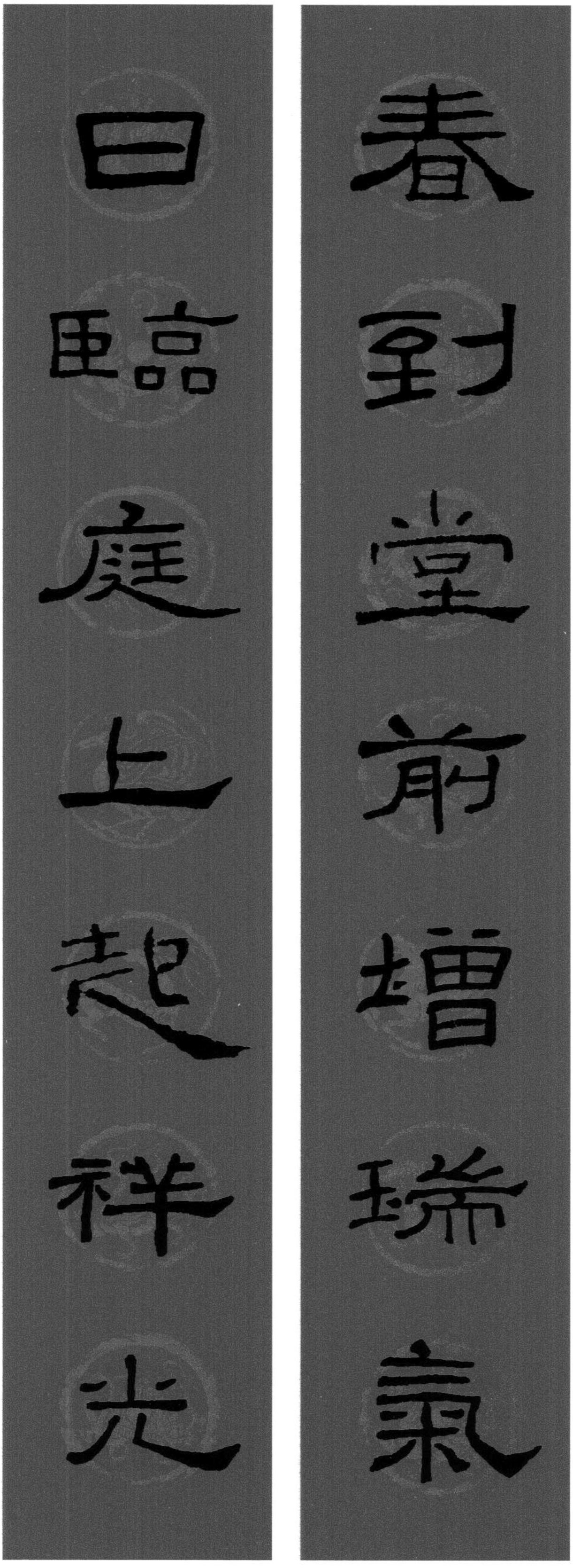

春到堂前增瑞气
日临庭上起祥光

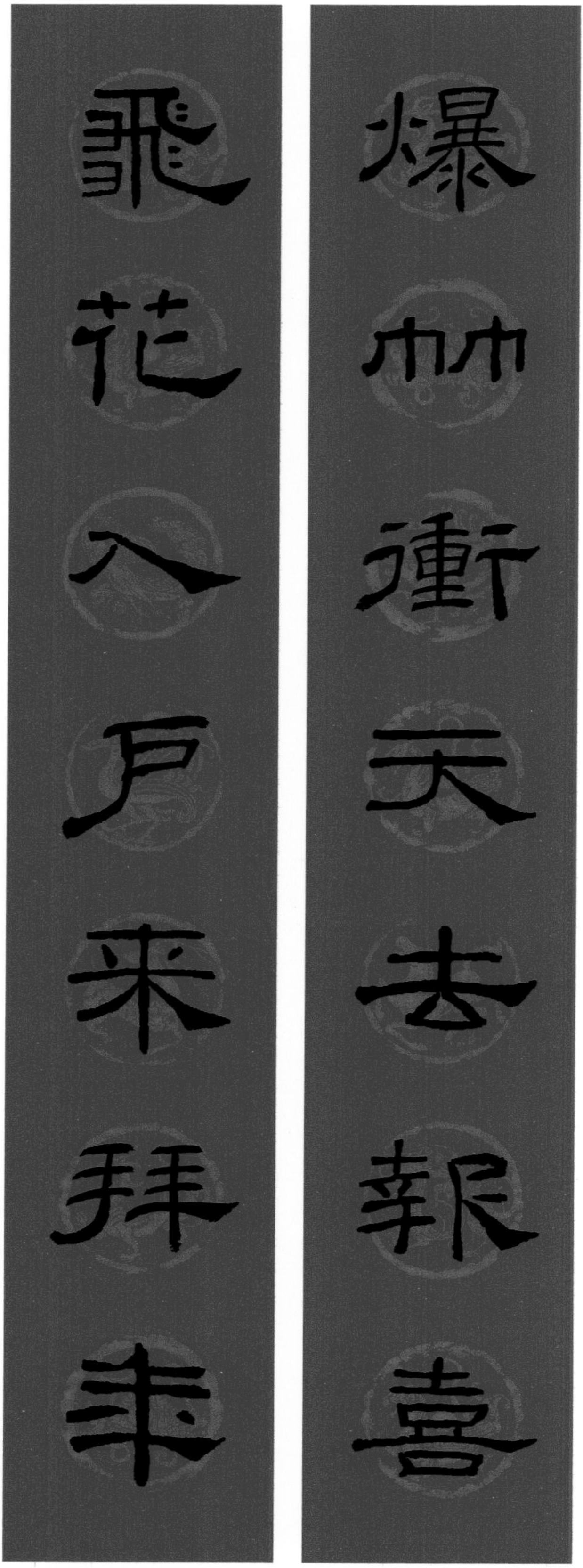

爆竹冲天去报喜
飞花入户来拜年

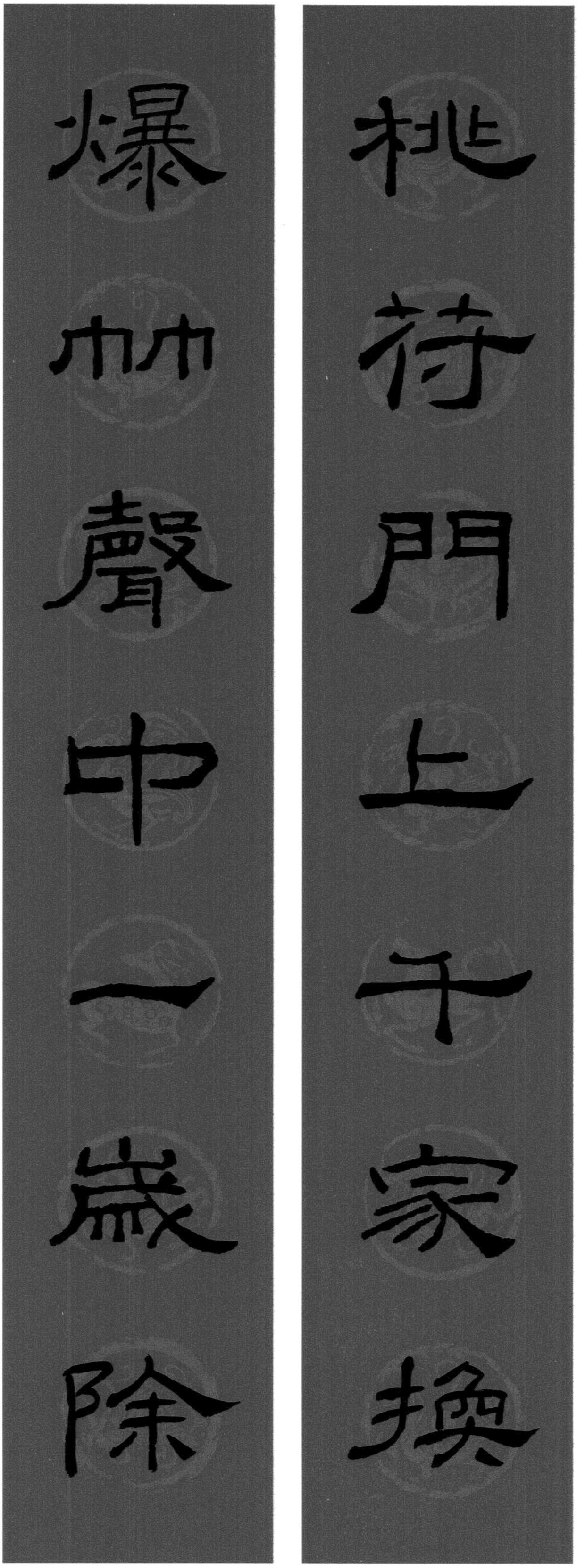
桃符門上千家換
爆竹聲中一歲除

桃符门上千家换
爆竹声中一岁除

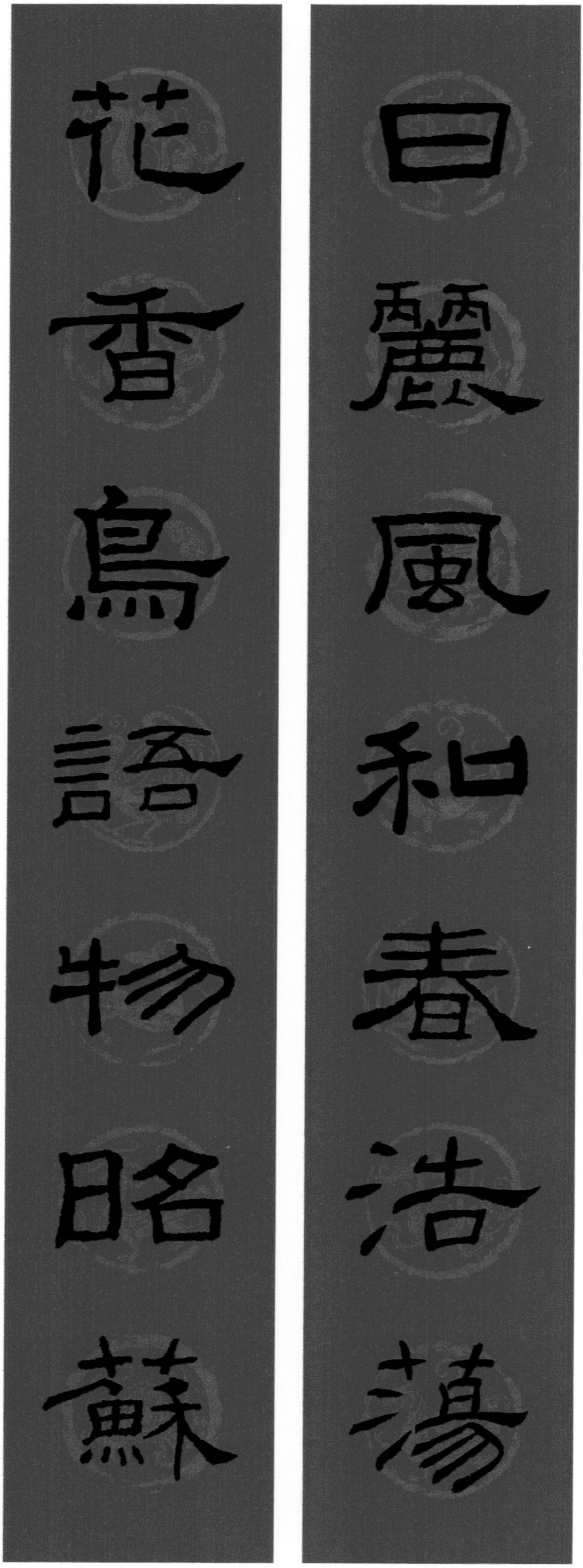

日丽风和春浩荡
花香鸟语物昭苏

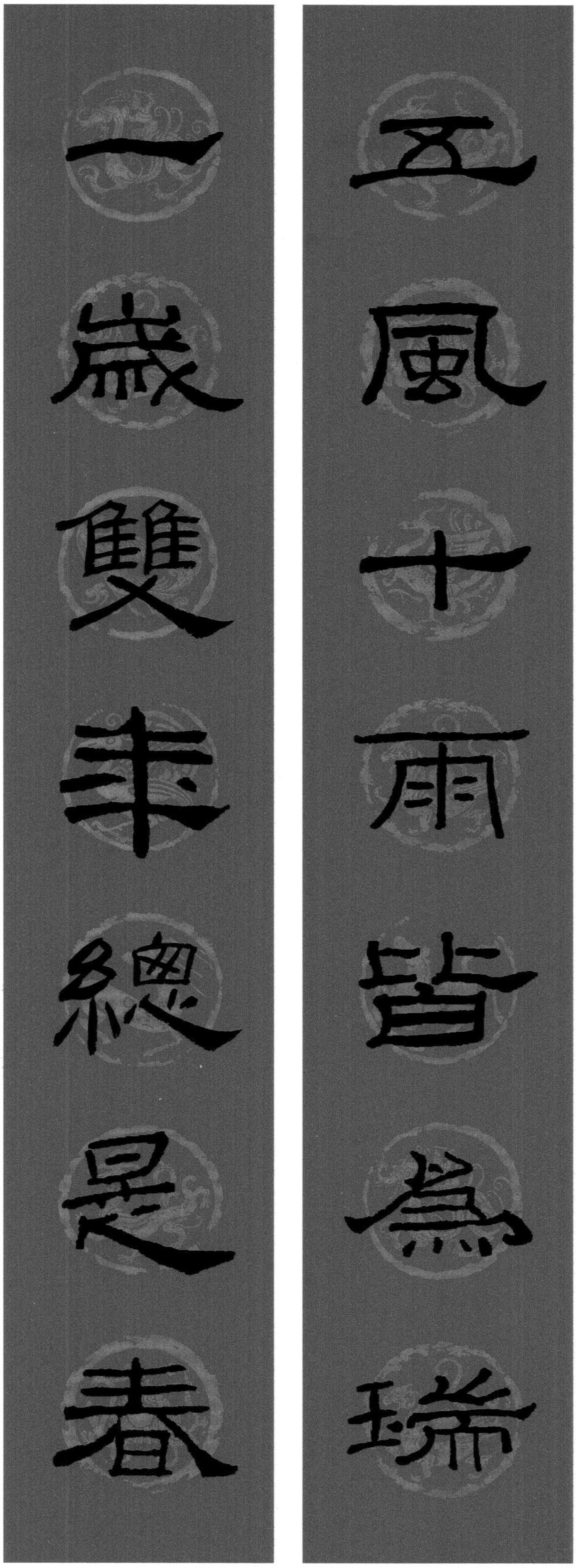

五风十雨皆为瑞
一岁双年总是春

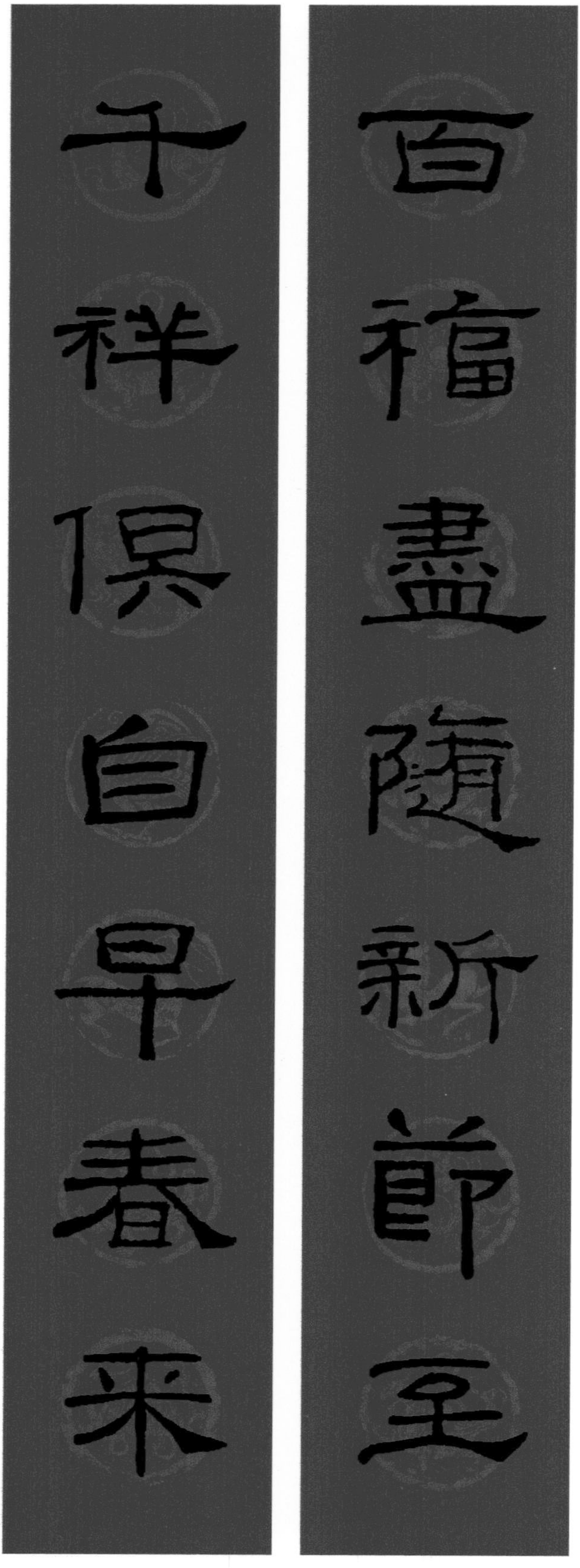

百福尽随新节至
千祥俱自早春来

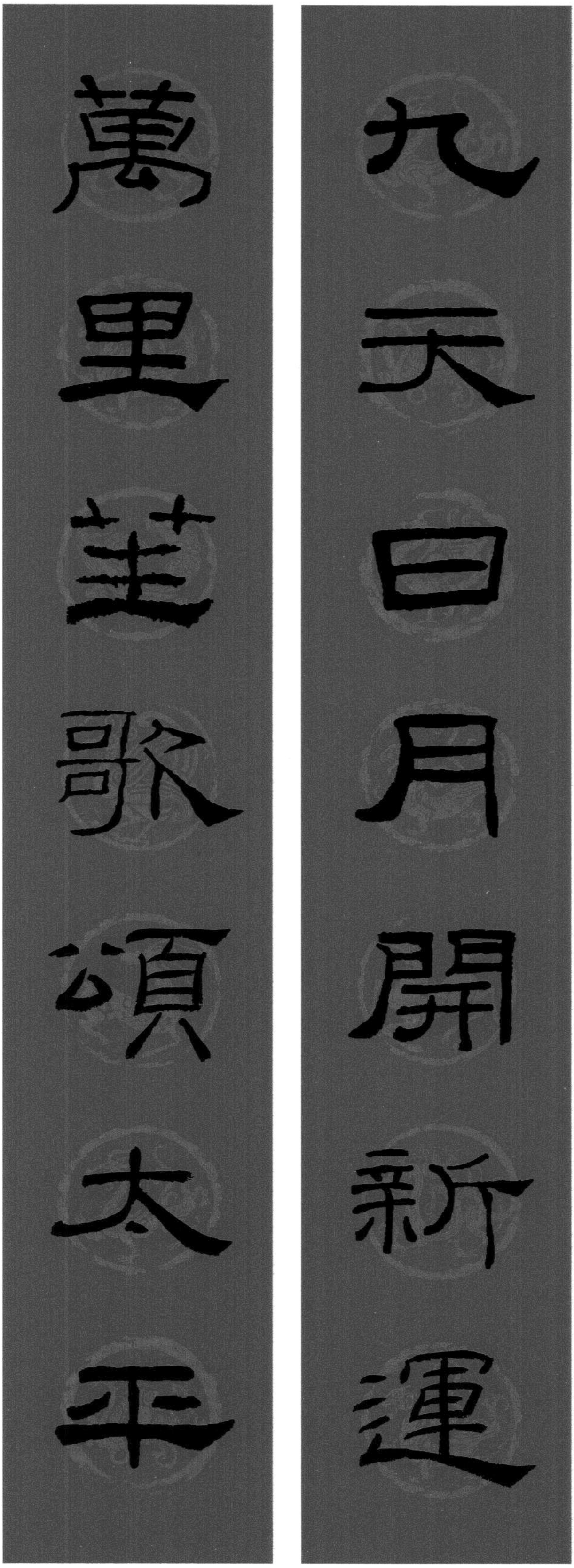

九天日月开新运
万里笙歌颂太平

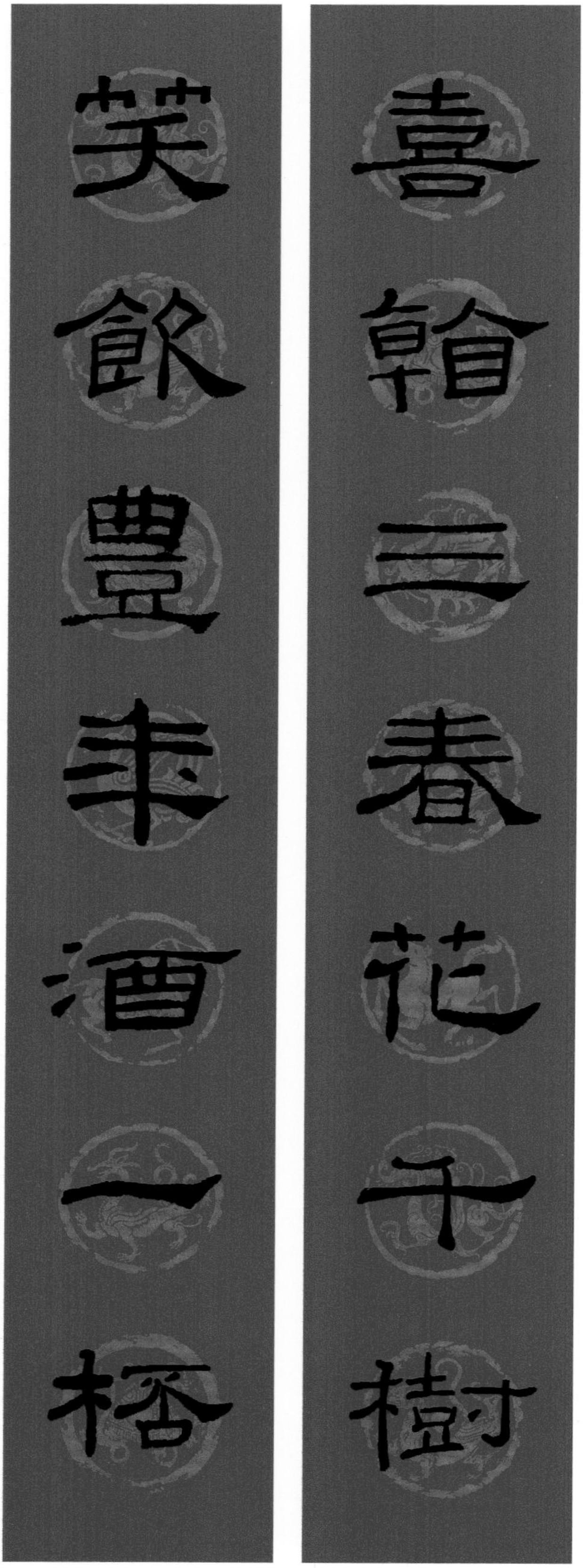

喜看三春花千树
笑饮丰年酒一杯

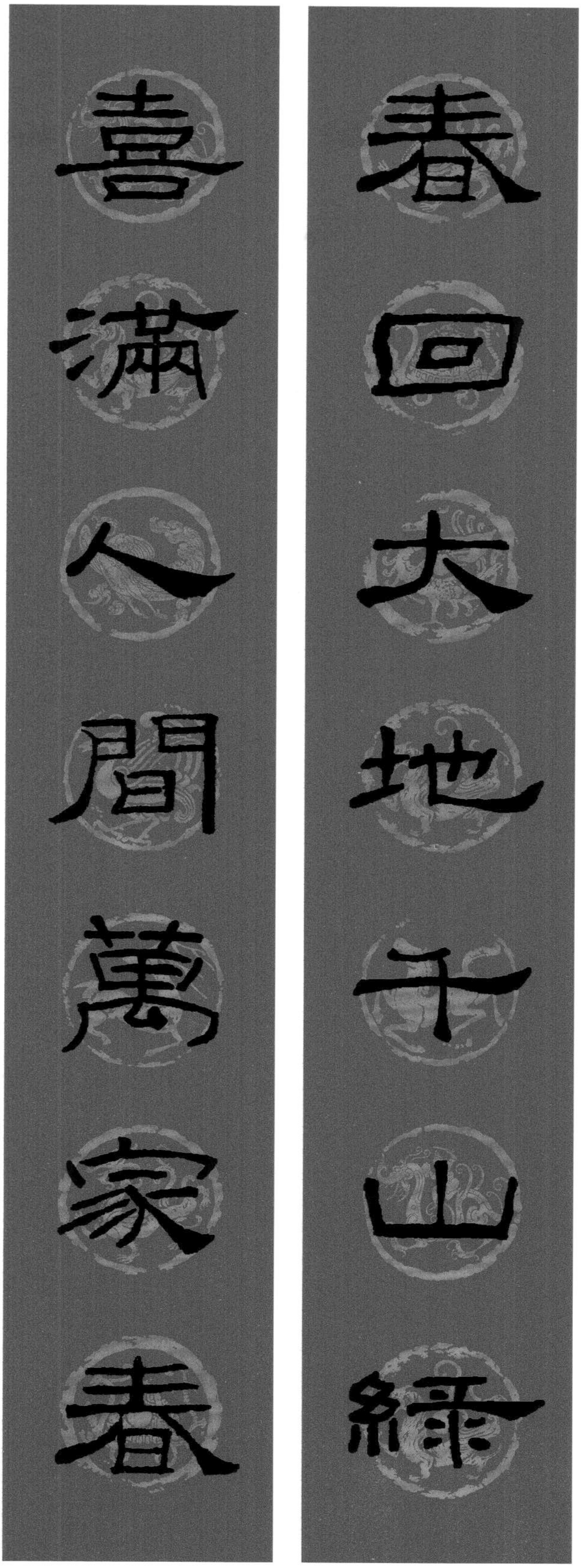

春回大地千山绿
喜满人间万家春

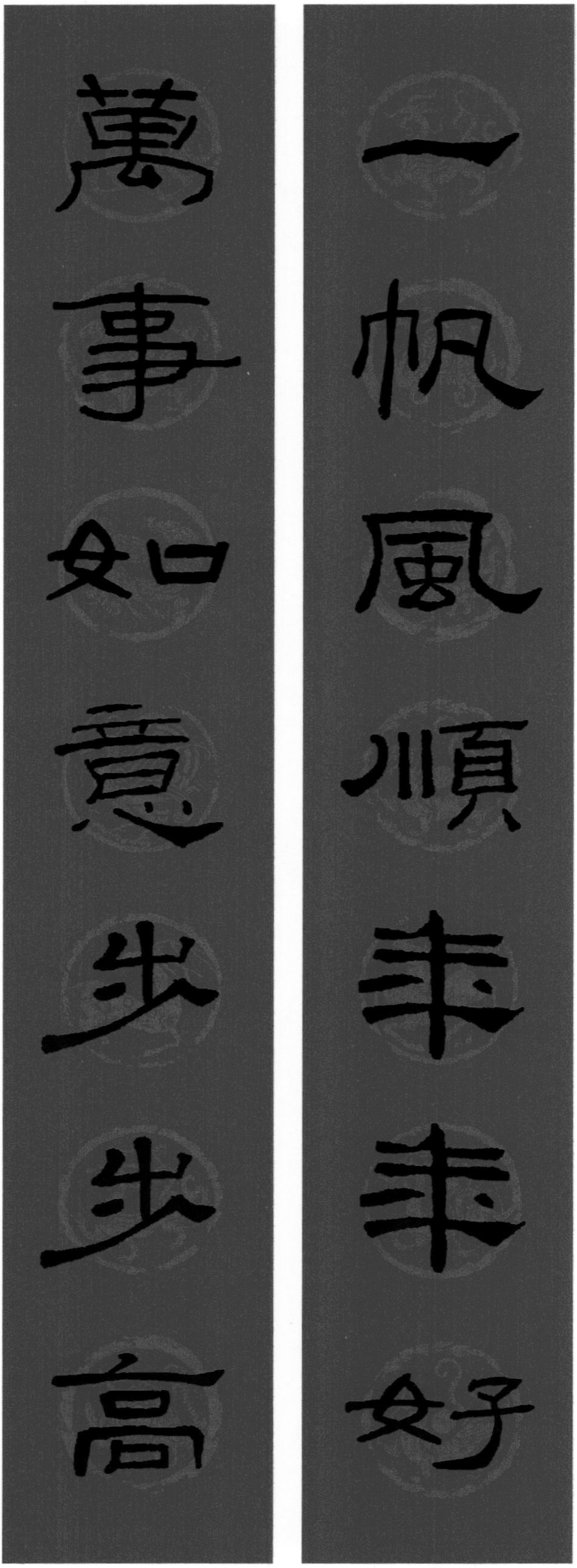

一帆风顺年年好
万事如意步步高

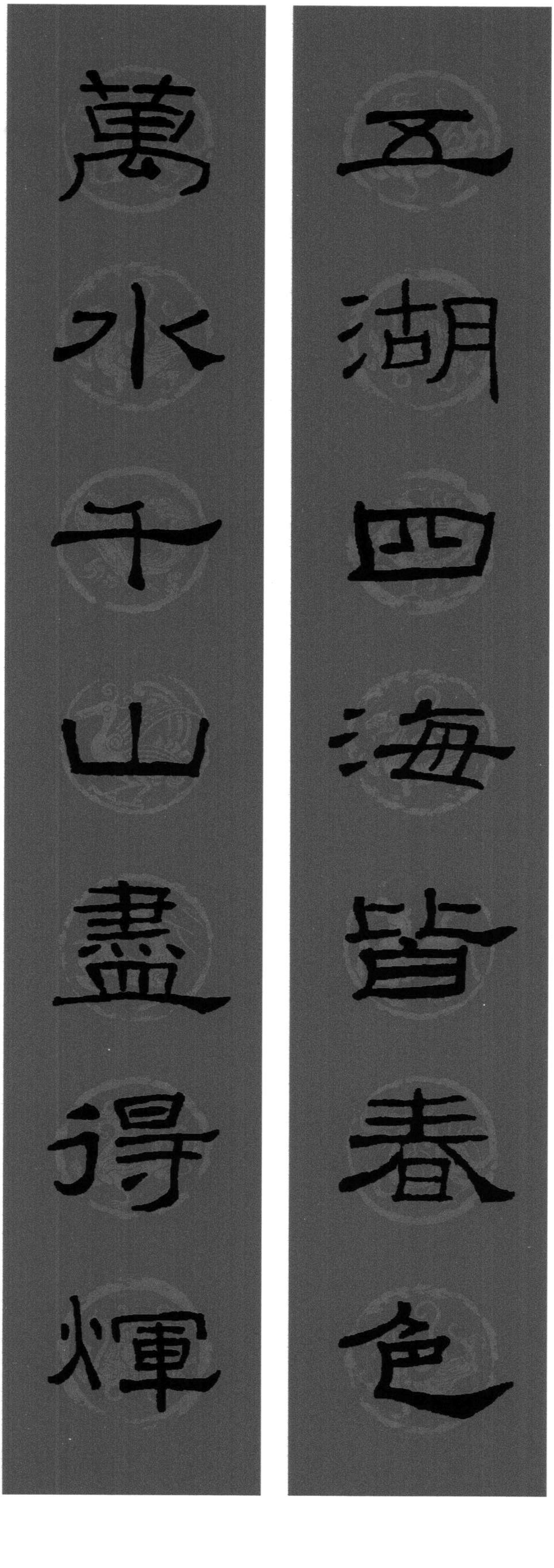

五湖四海皆春色
万水千山尽得辉

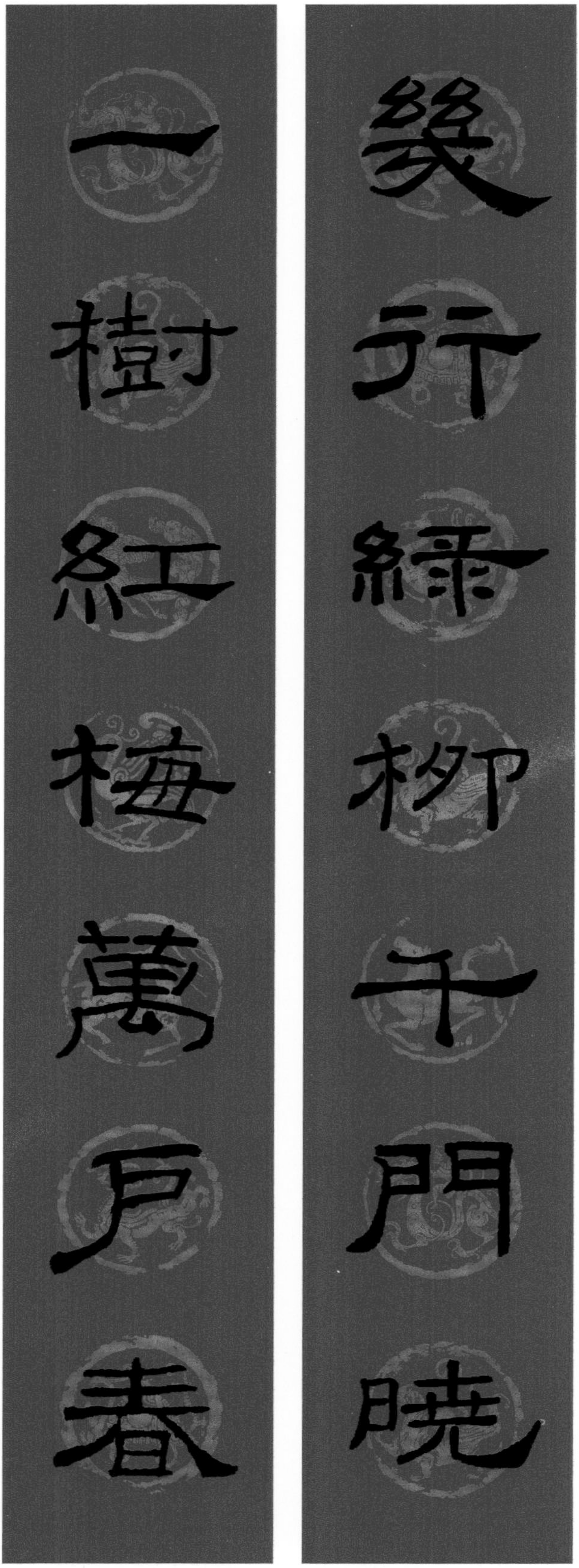

几行绿柳千门晓
一树红梅万户春

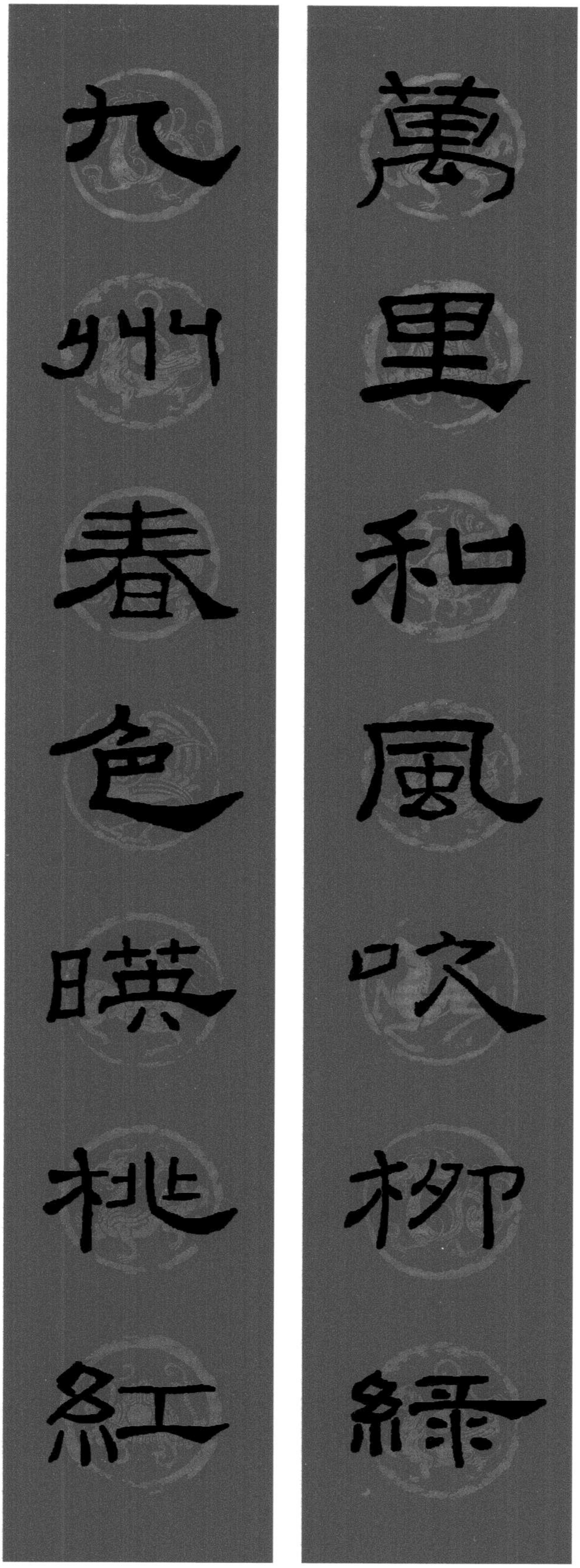
萬里和風吹柳綠
九州春色映桃紅

万里和风吹柳绿
九州春色映桃红

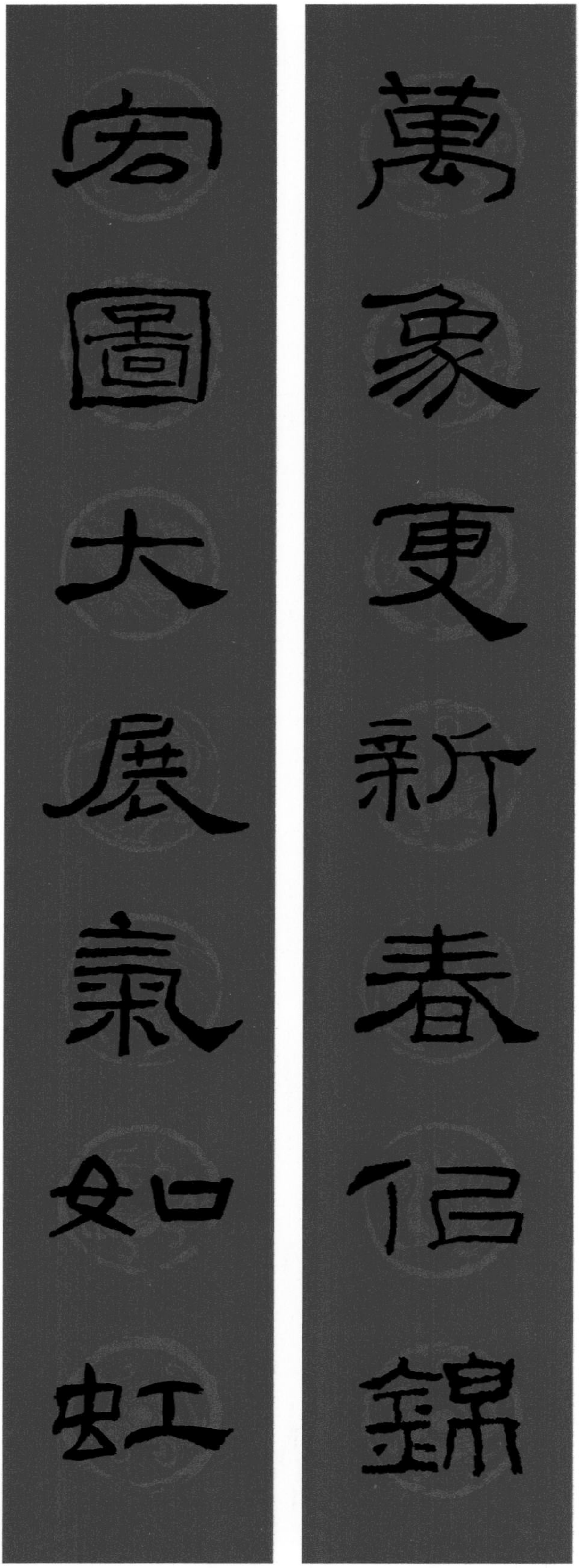

万象更新春似锦
宏图大展气如虹

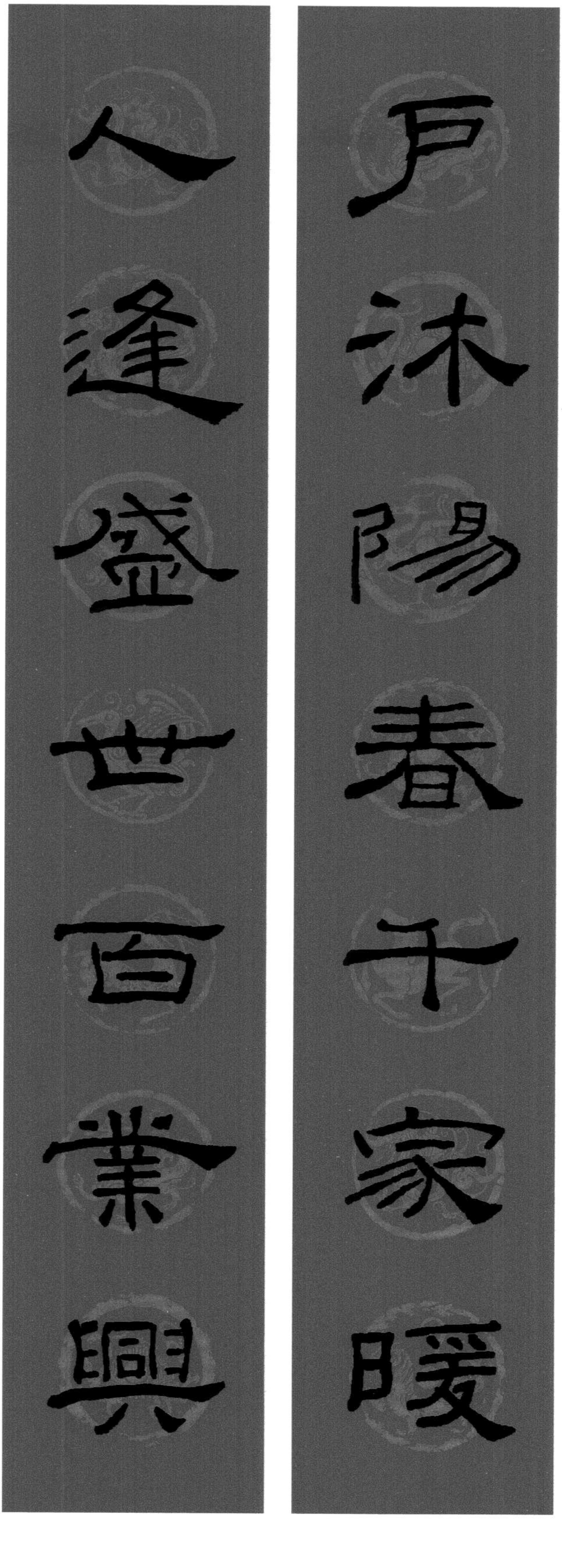

户沐阳春千家暖
人逢盛世百业兴

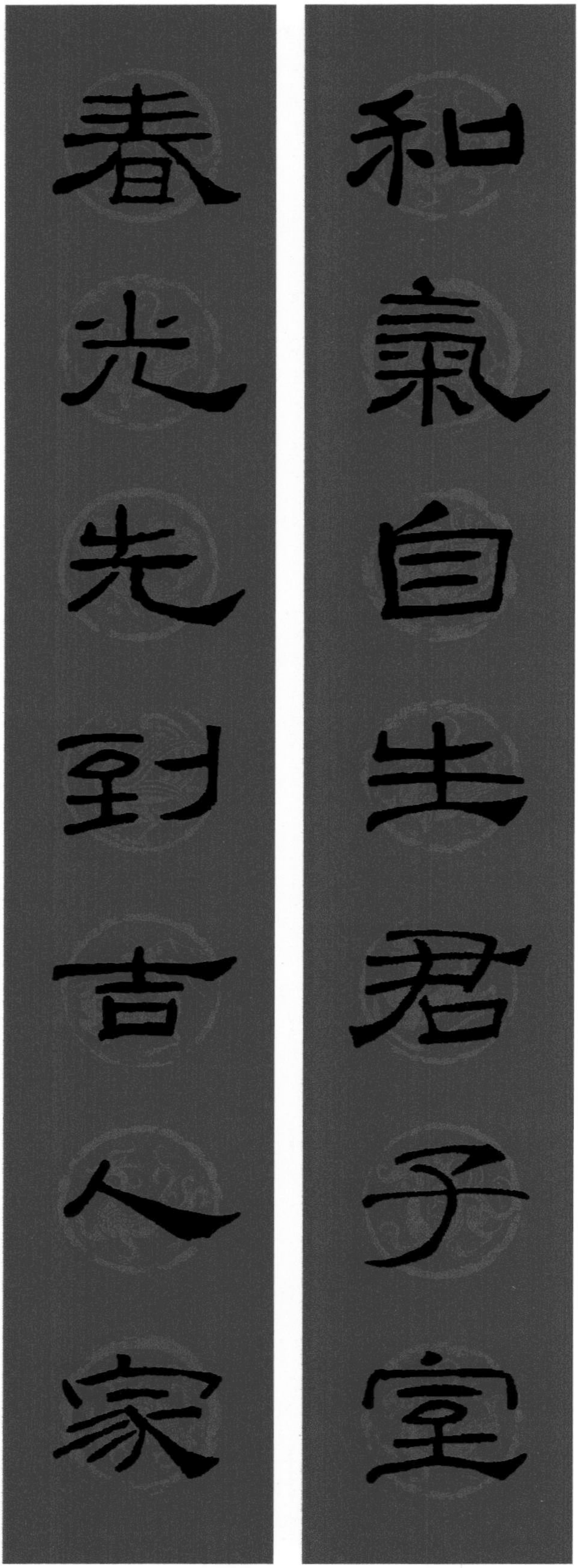
和氣自生君子室
春光先到吉人家

和气自生君子室
春光先到吉人家

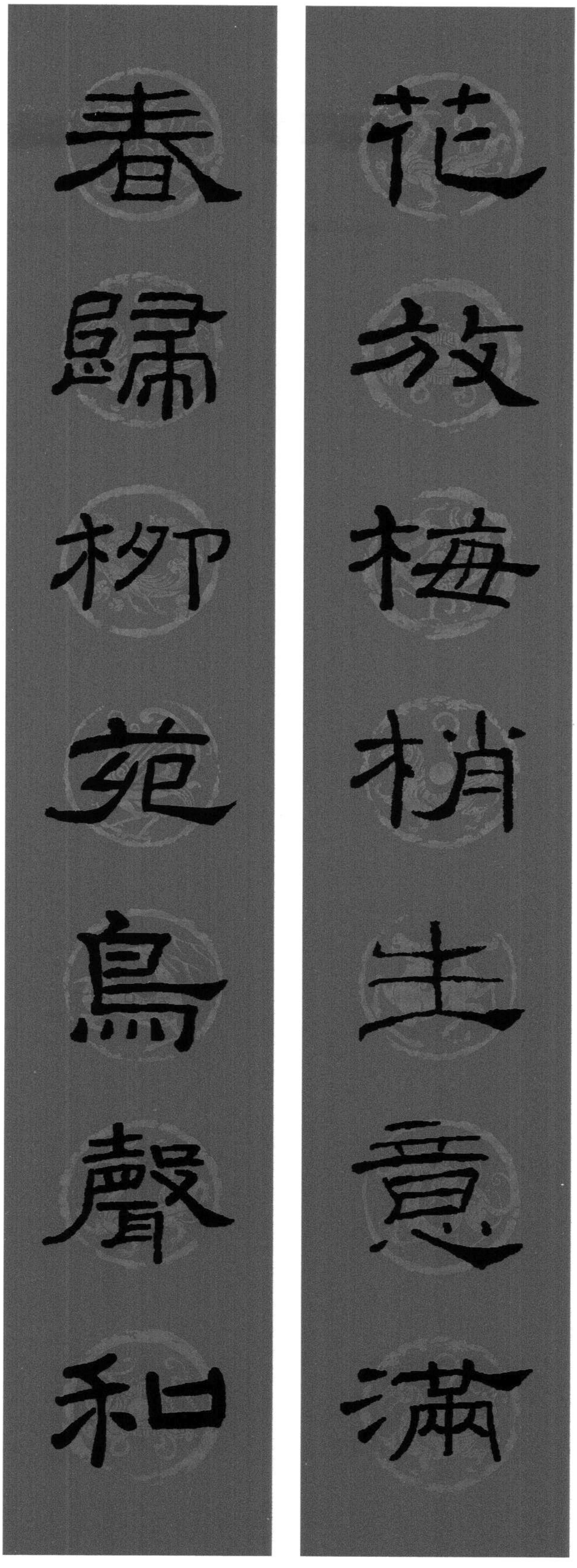

花放梅梢生意满
春归柳苑鸟声和

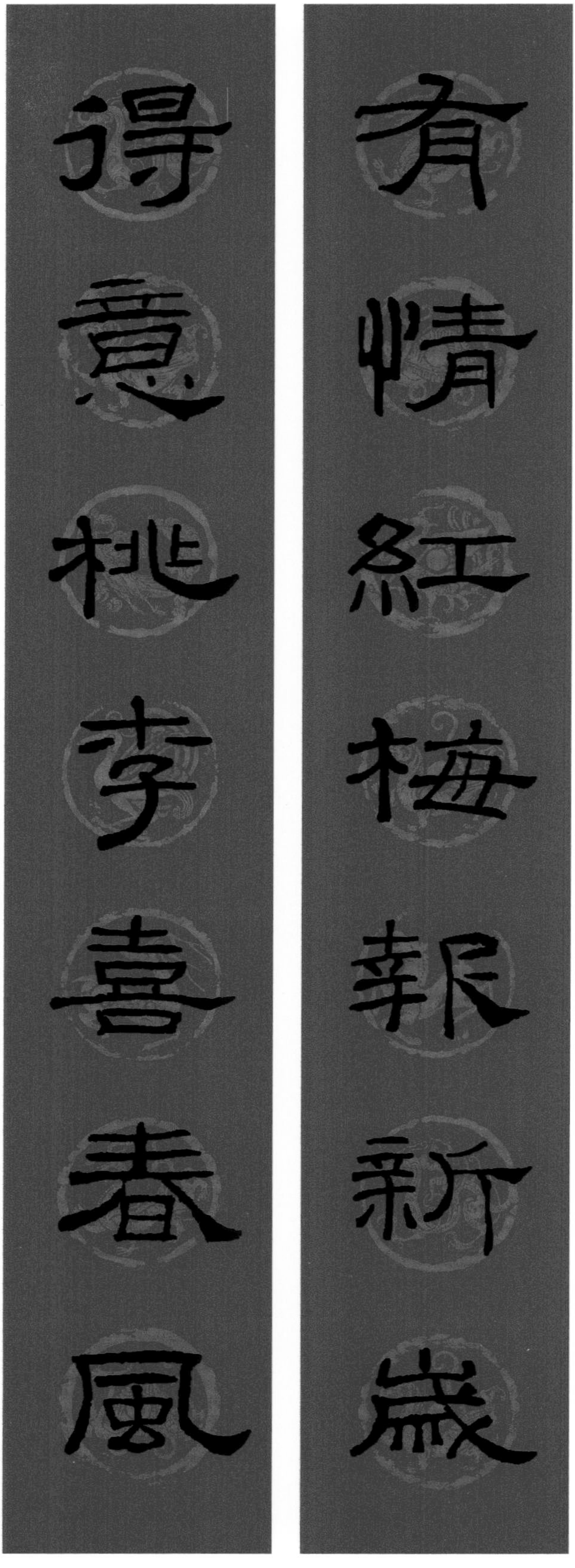

有情红梅报新岁
得意桃李喜春风

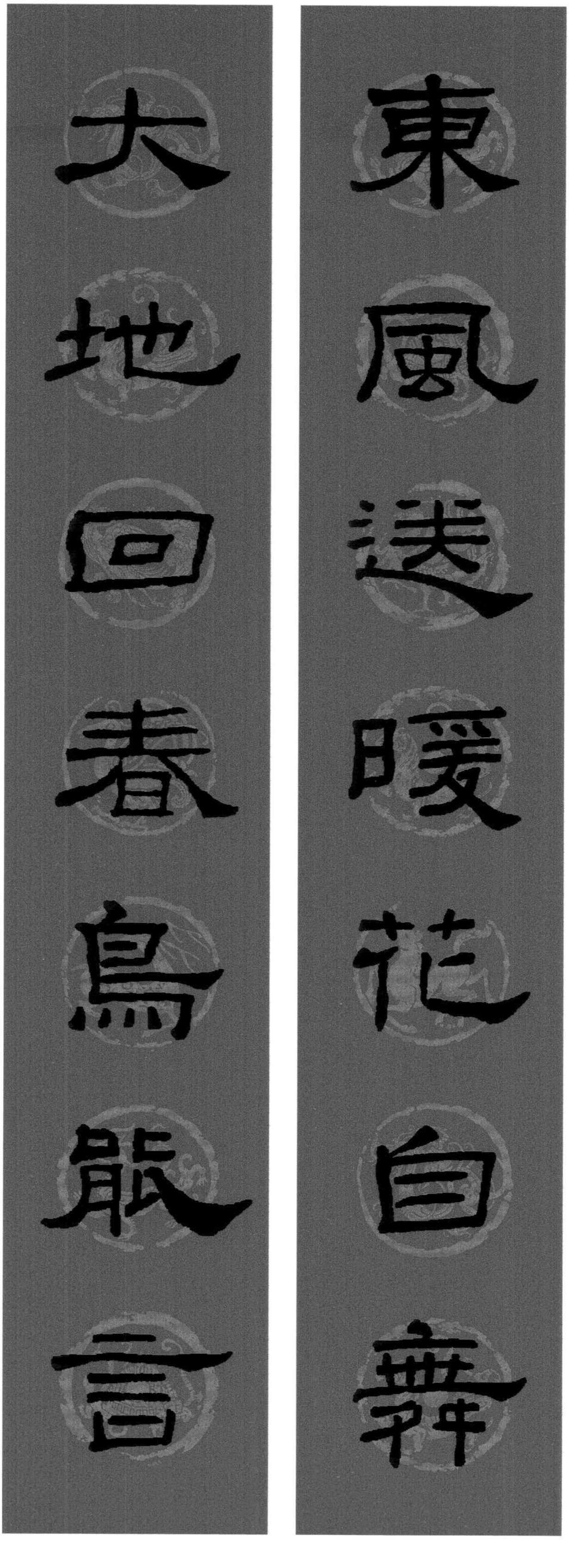

东风送暖花自舞
大地回春鸟能言

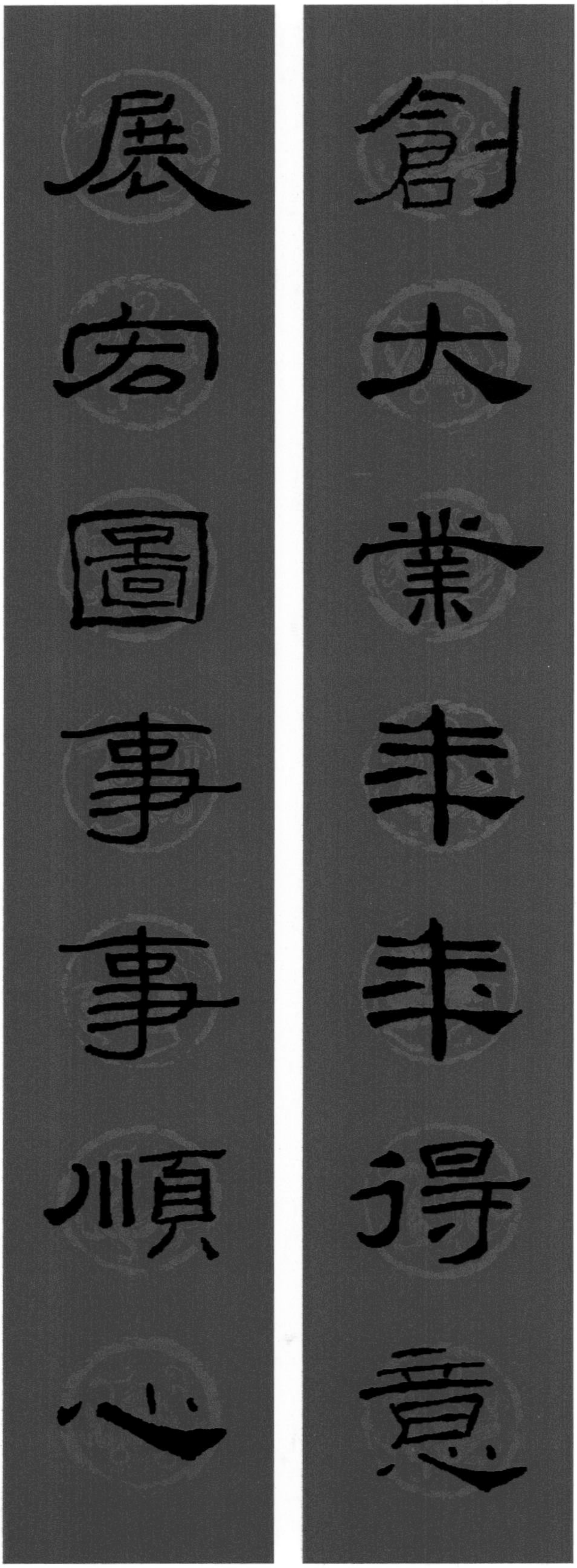

创大业年年得意
展宏图事事顺心

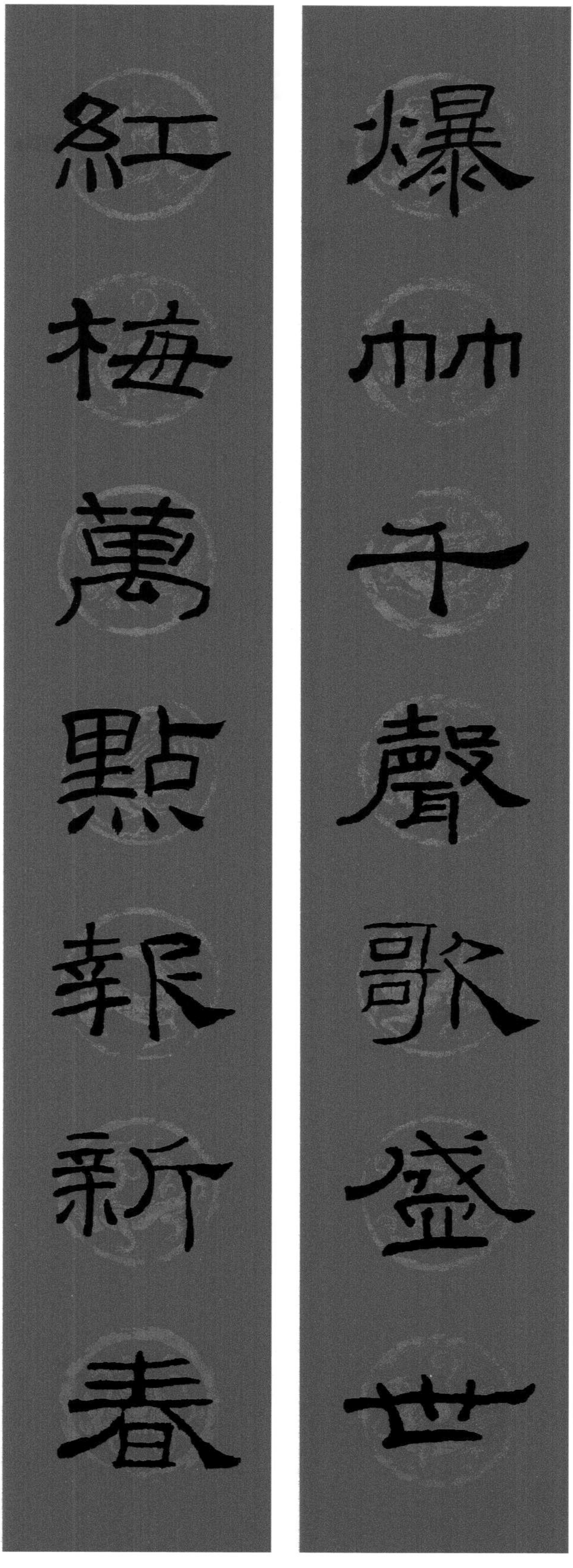

爆竹千声歌盛世
红梅万点报新春

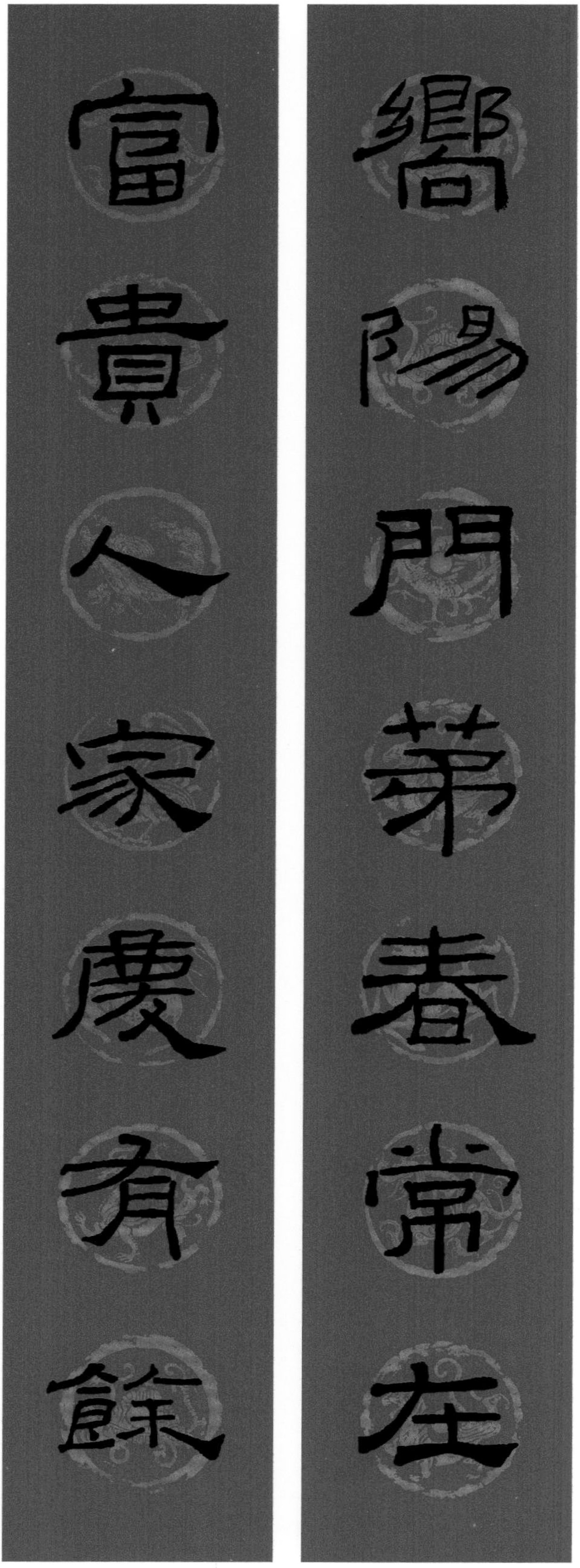

向阳门第春常在
富贵人家庆有余

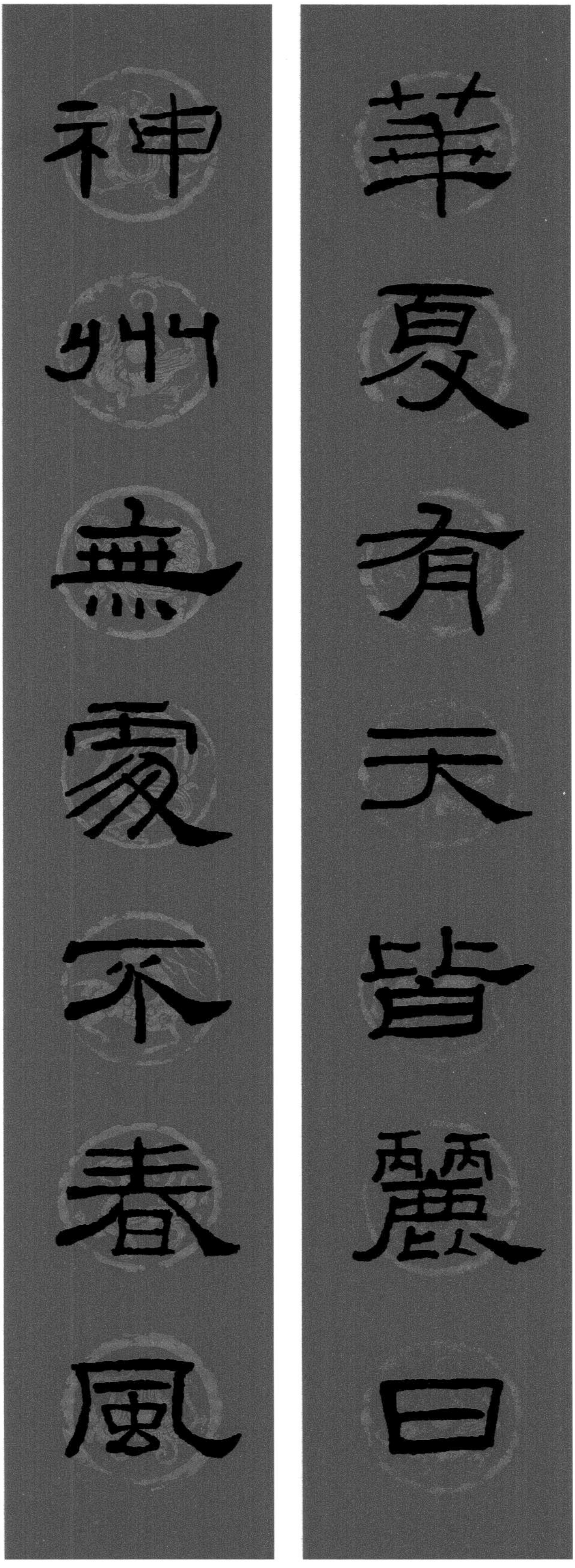
華夏有天皆麗日
神州無處不春風

华夏有天皆丽日
神州无处不春风

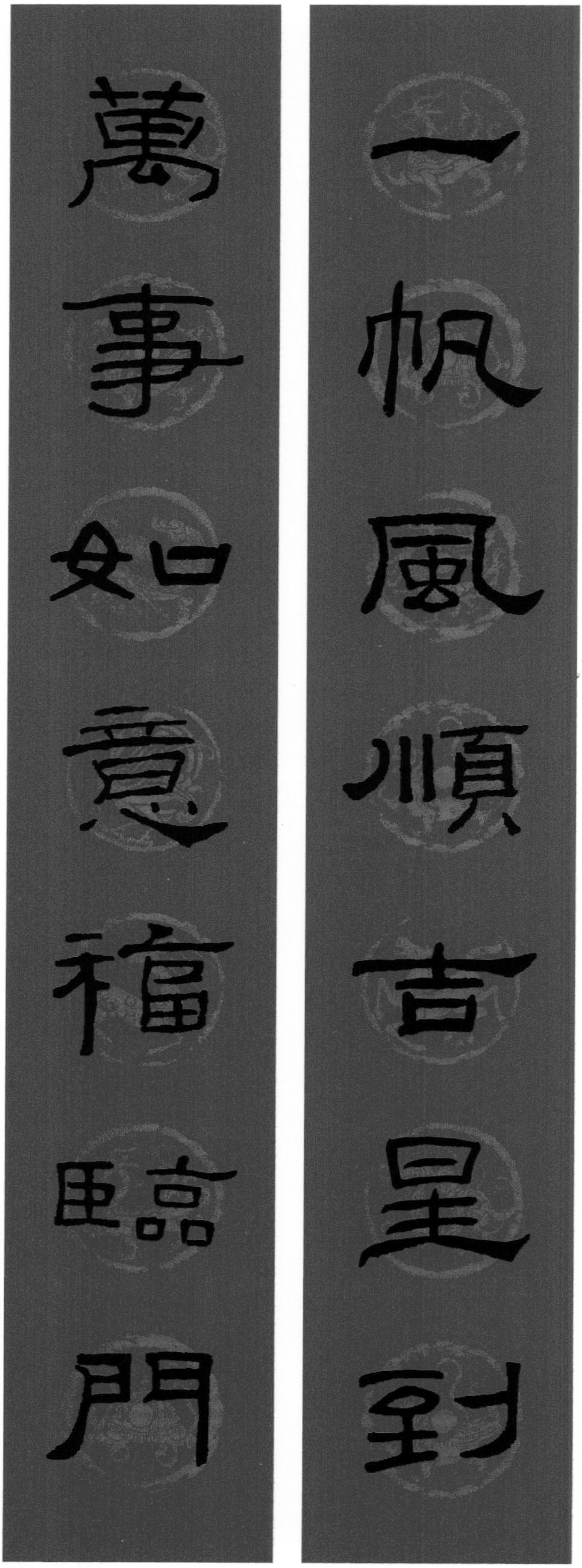

一帆风顺吉星到
万事如意福临门

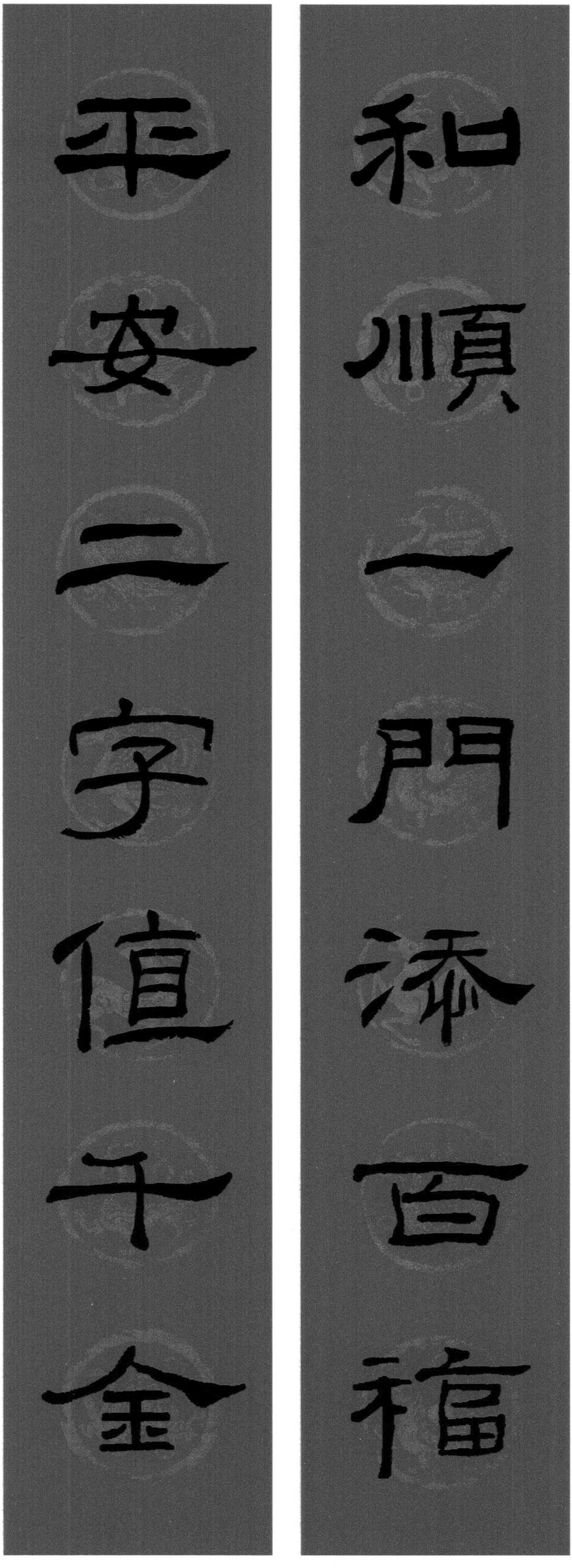

和顺一门添百福
平安二字值千金

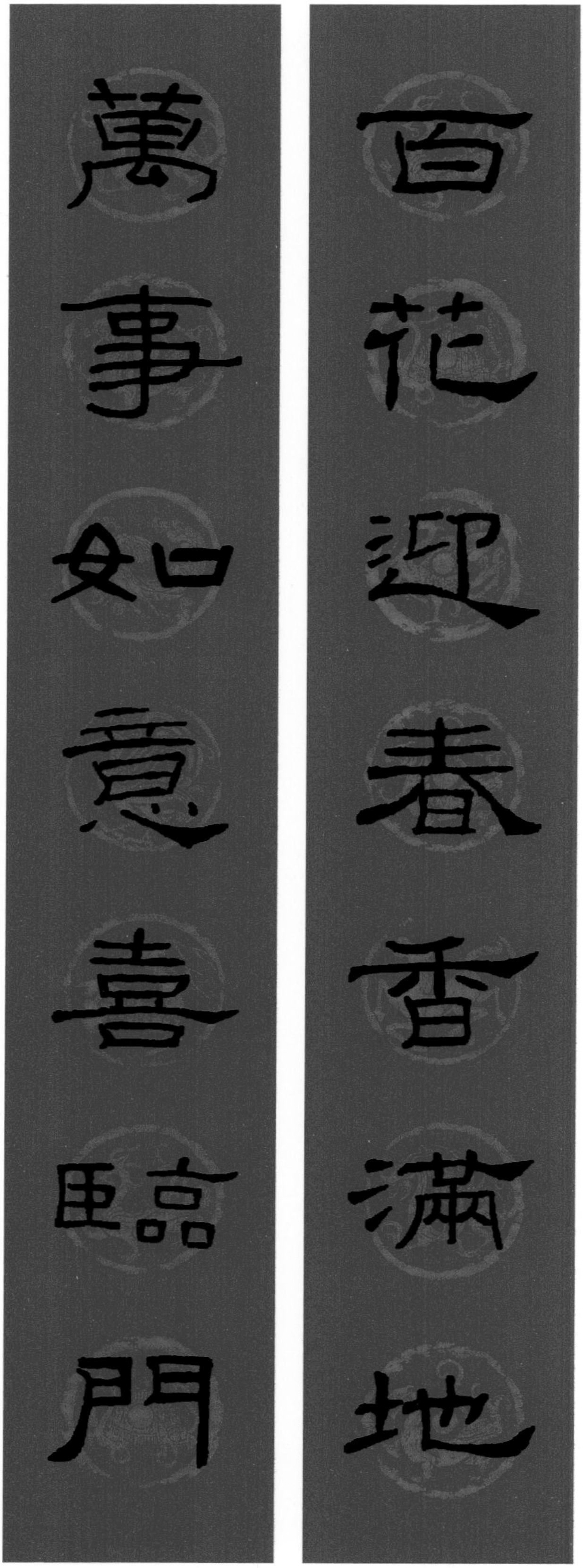

百花迎春香满地
万事如意喜临门

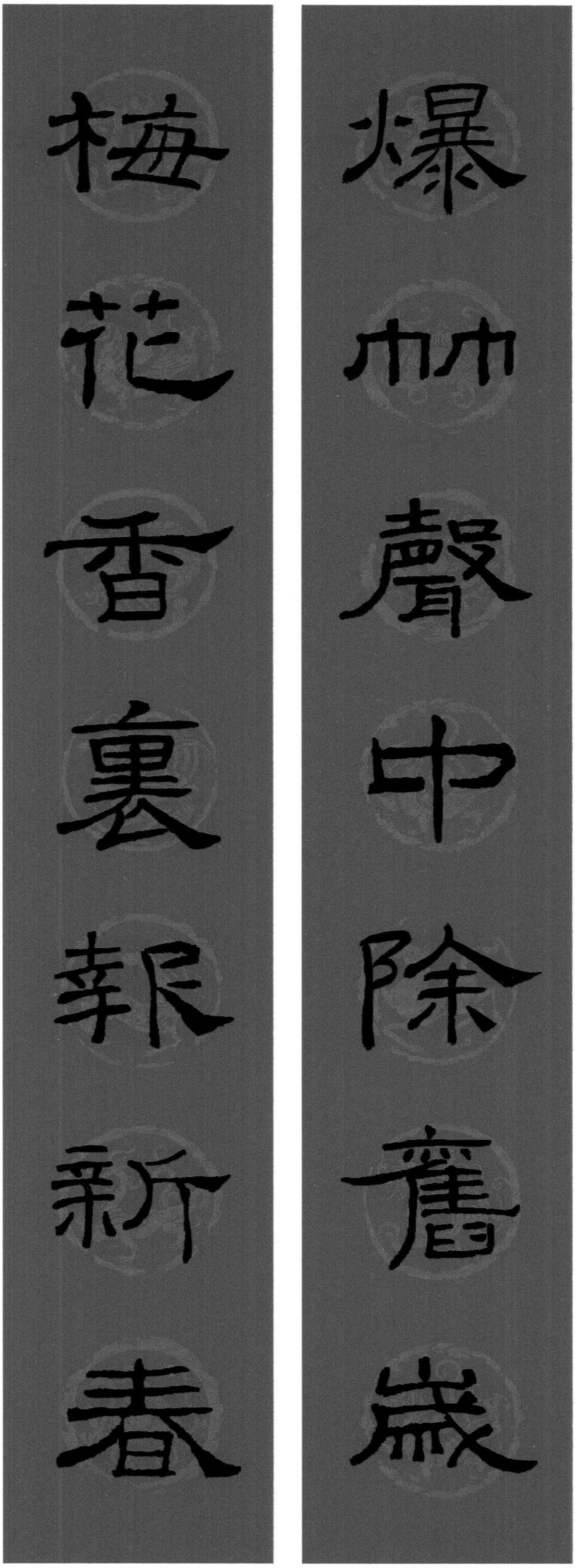
爆竹聲中除舊歲
梅花香裏報新春

爆竹声中除旧岁
梅花香里报新春

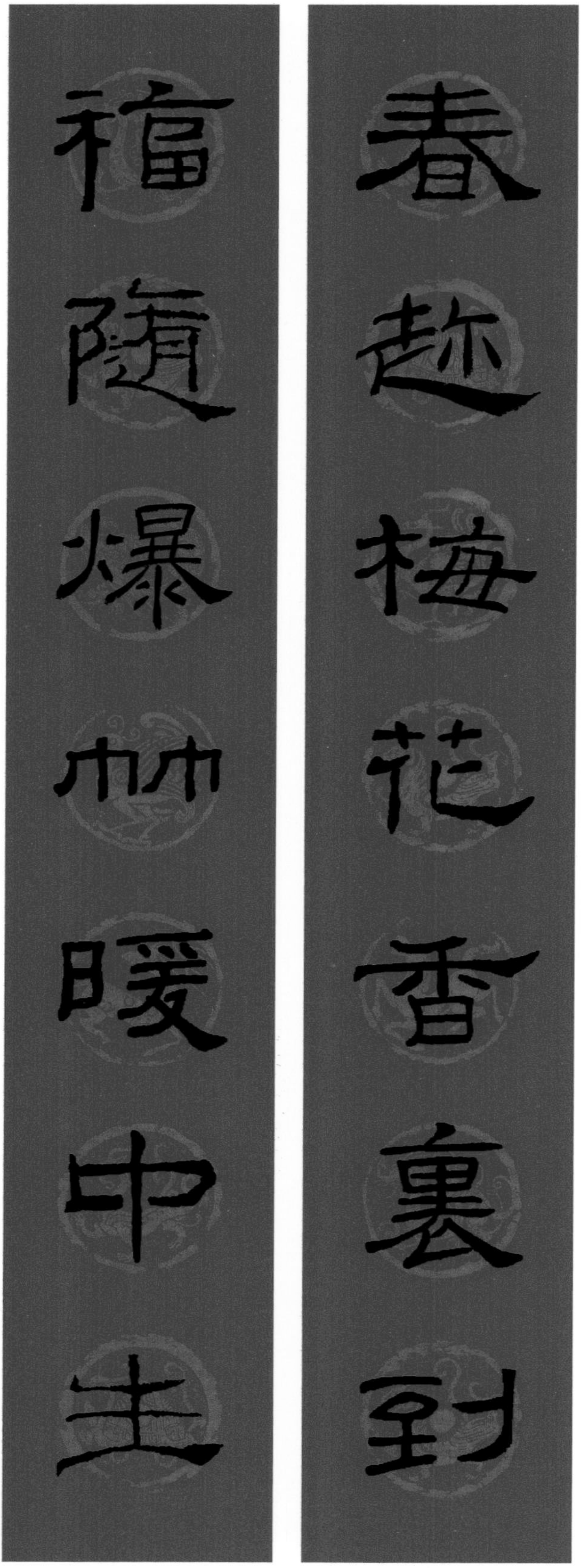

春趁梅花香里到
福随爆竹暖中生

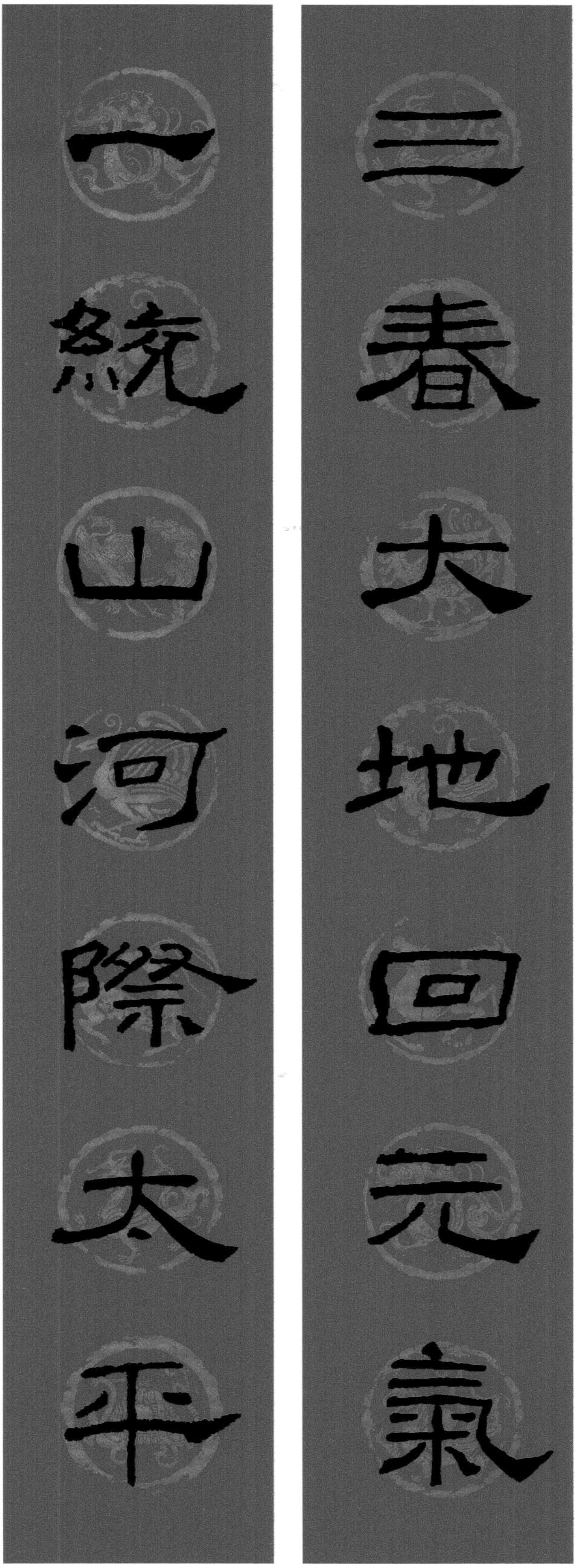

三春大地回元气
一统山河际太平

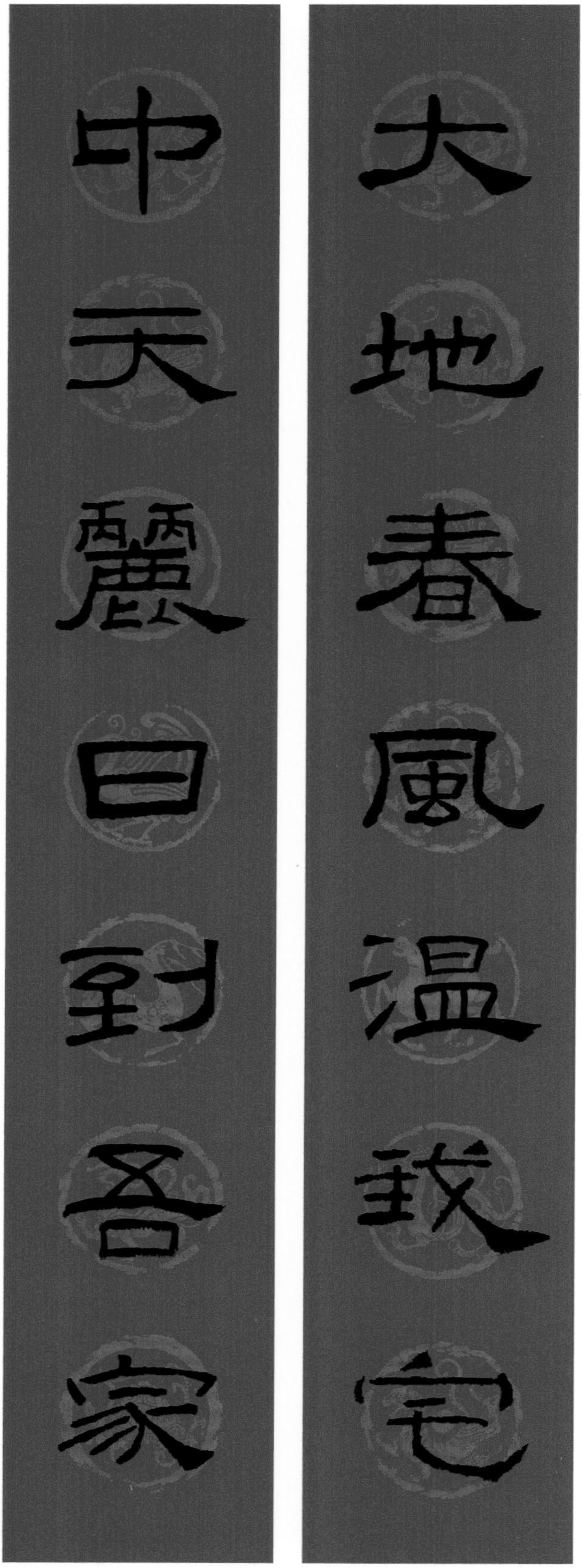

大地春风温我宅
中天丽日到吾家

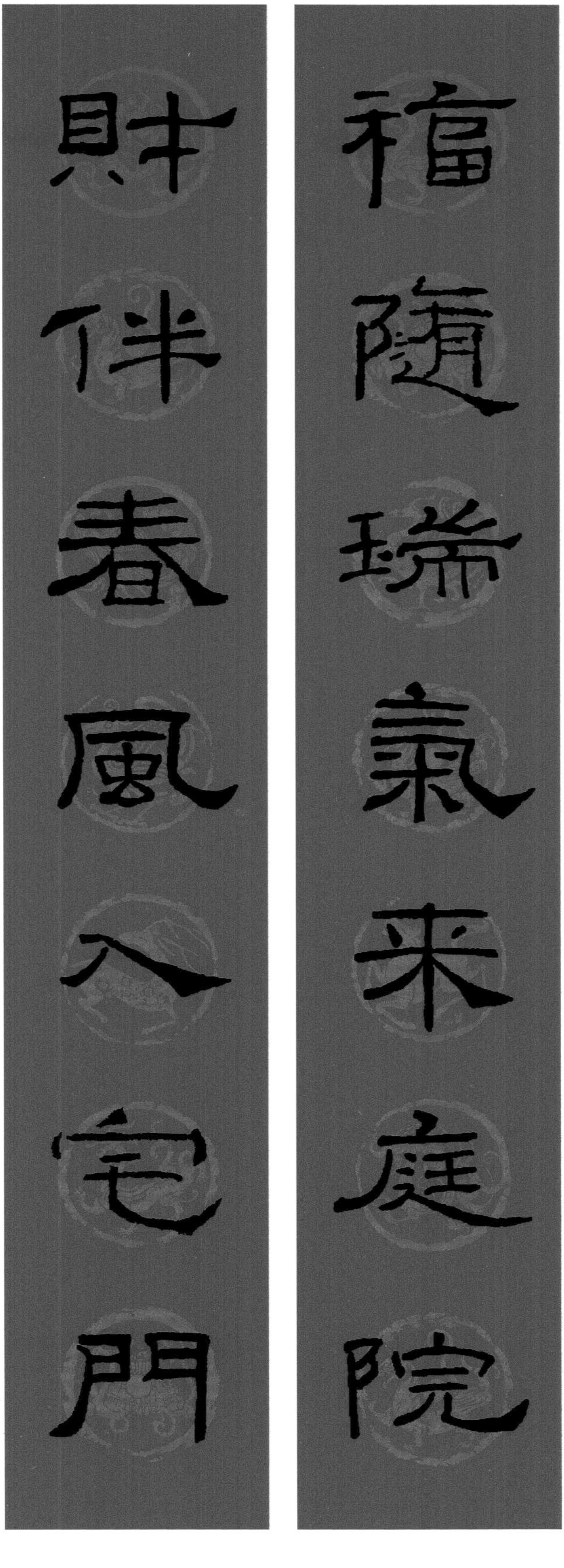

福随瑞气来庭院
财伴春风入宅门

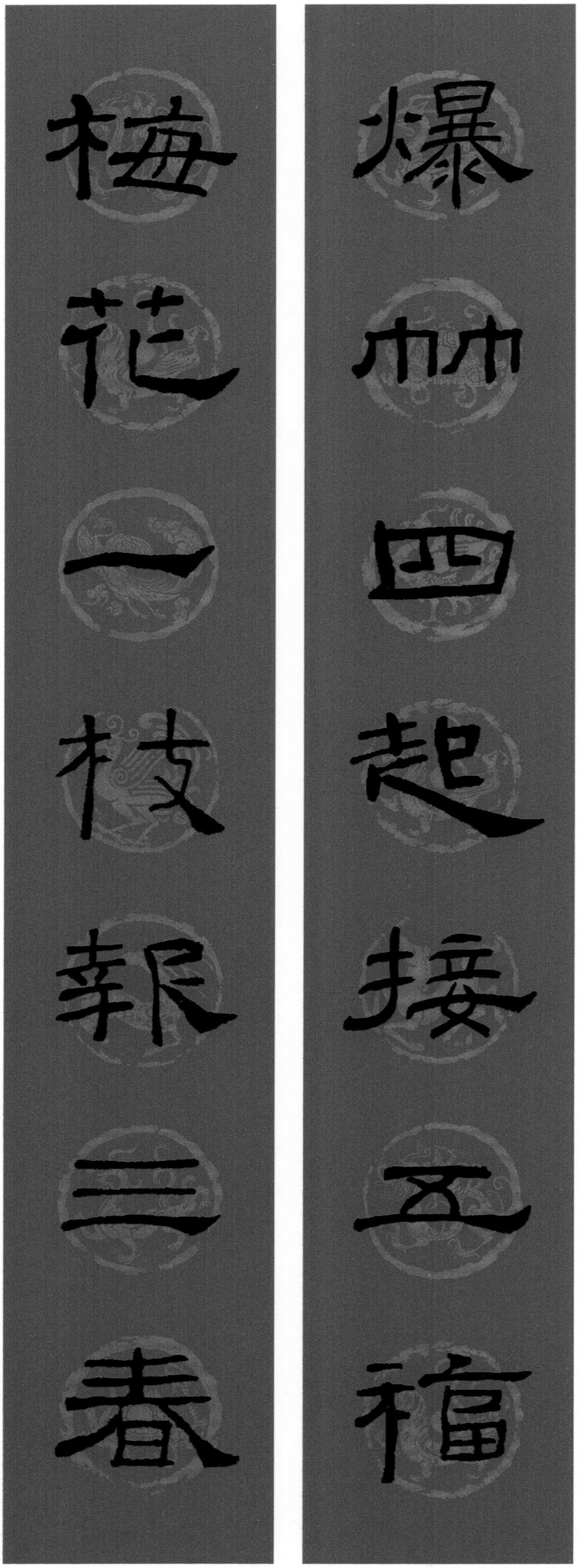

爆竹四起接五福
梅花一枝报三春

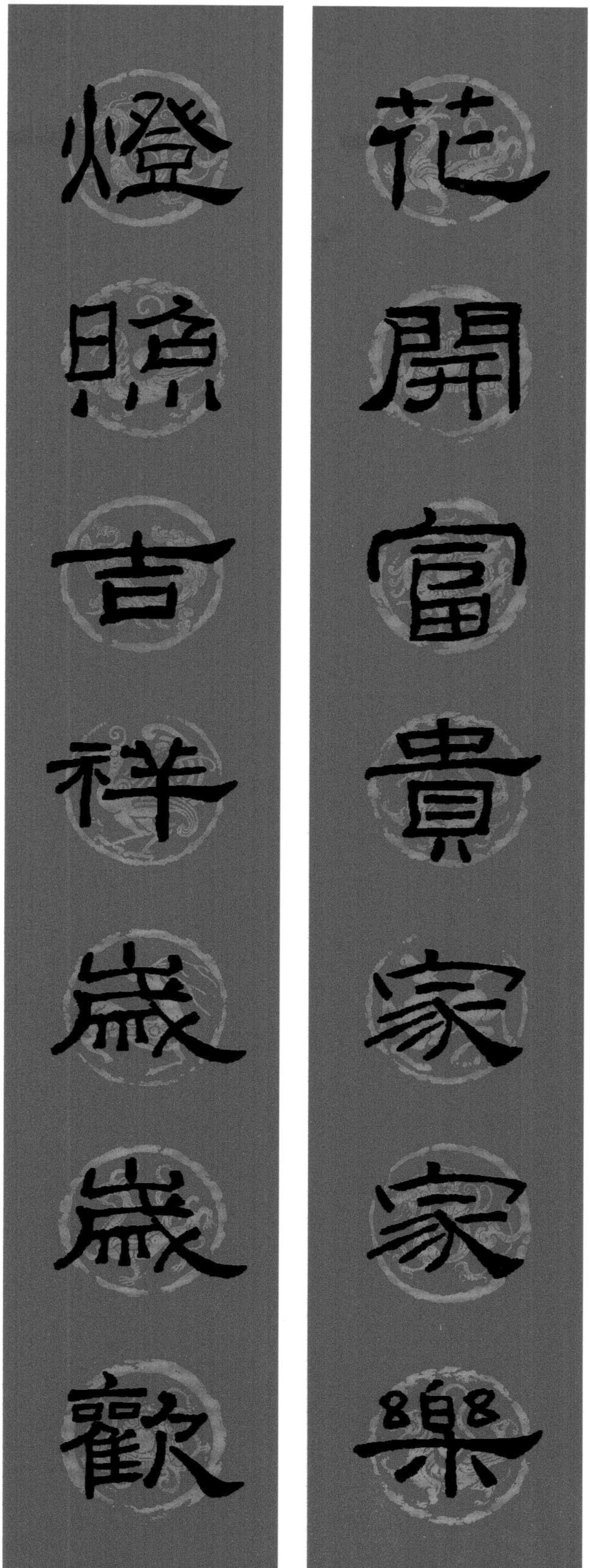

花开富贵家家乐
灯照吉祥岁岁欢

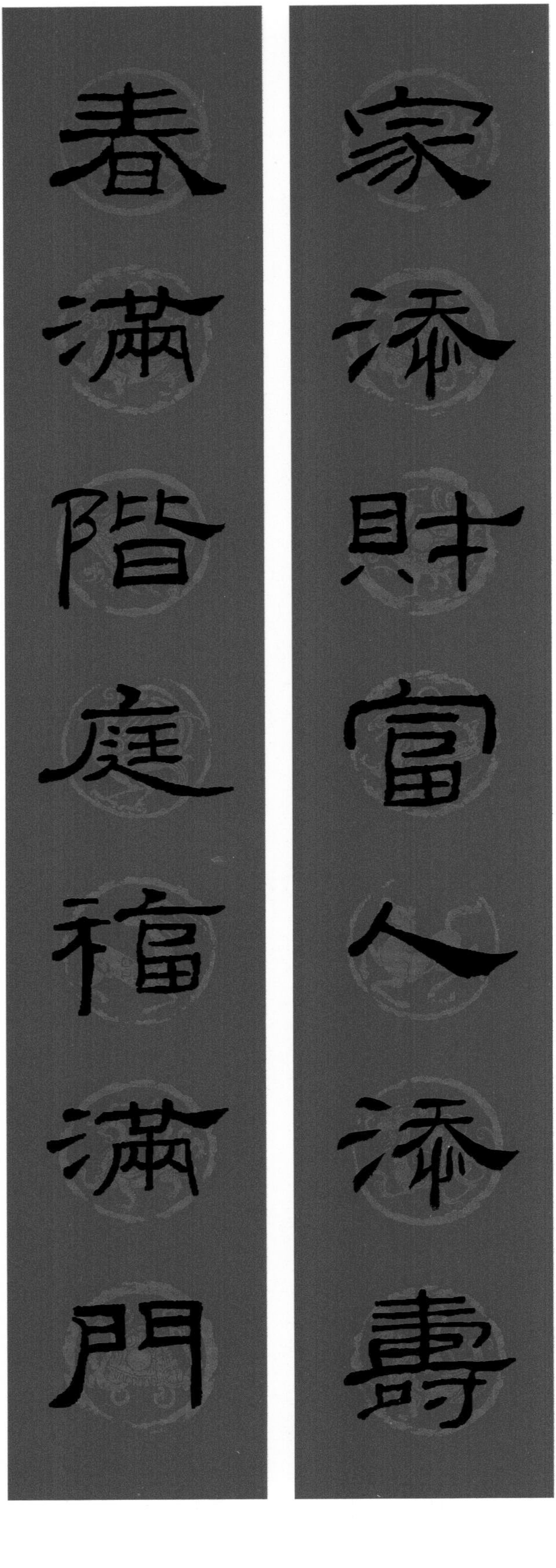

家添财富人添寿
春满阶庭福满门

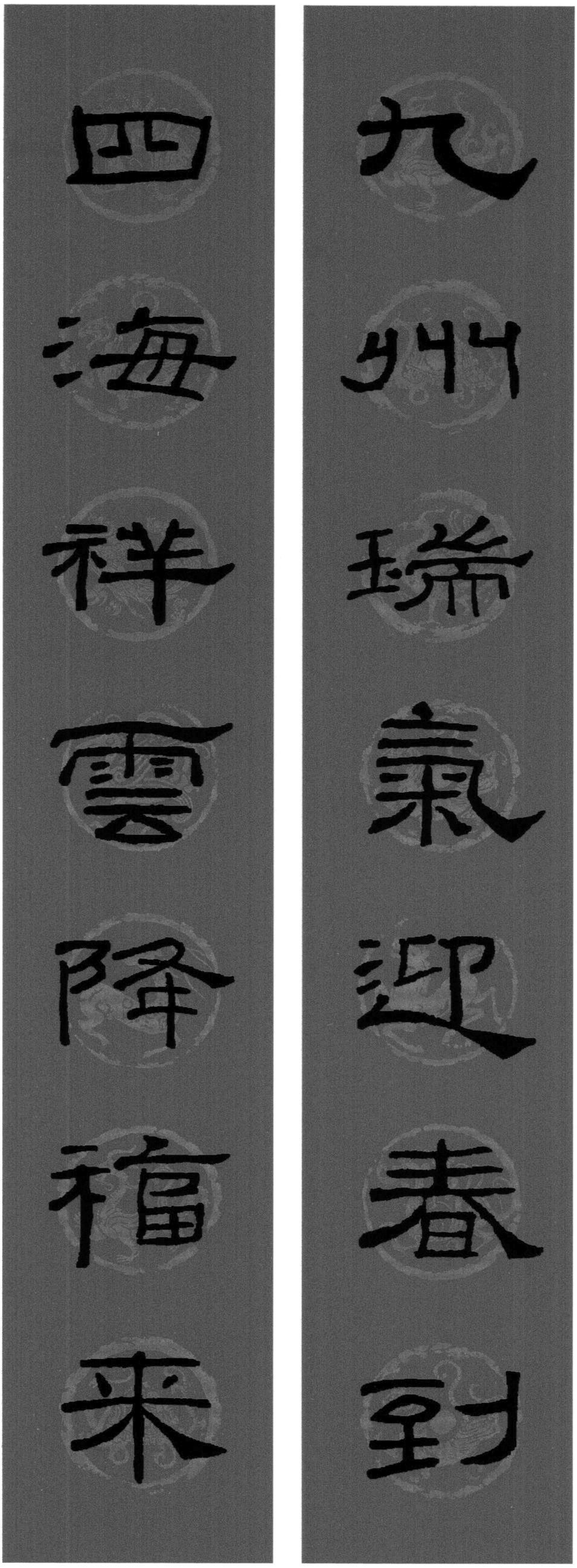

九州瑞气迎春到
四海祥云降福来

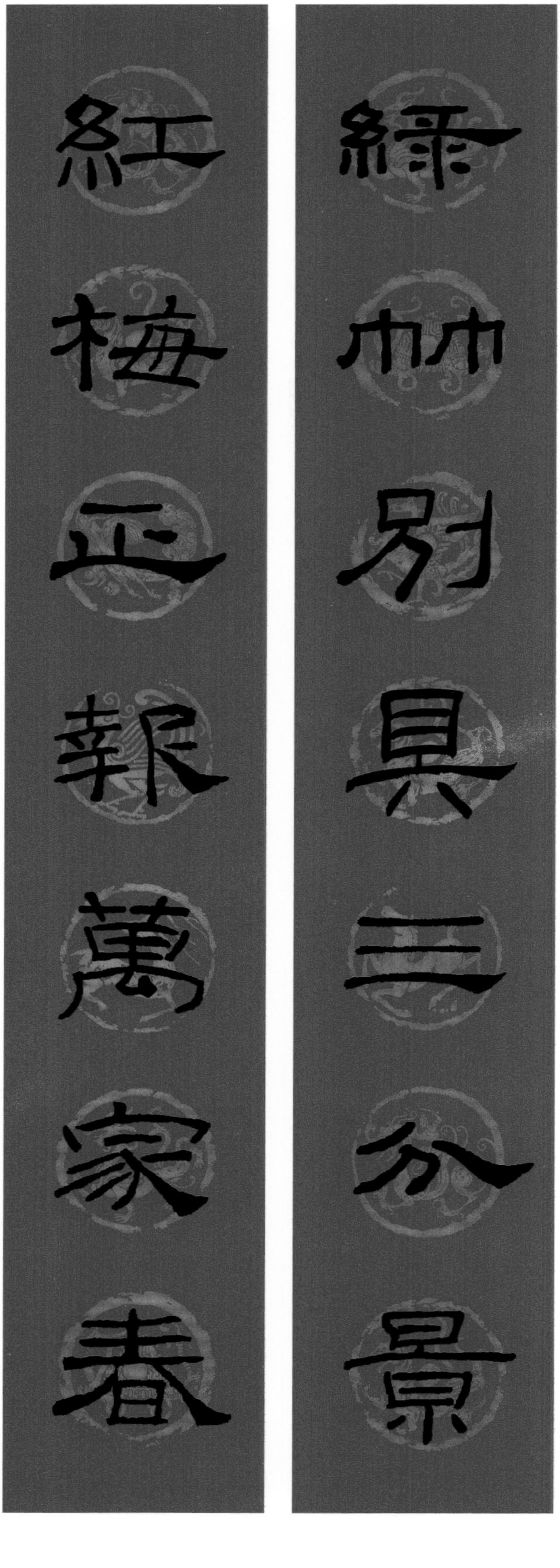

绿竹别具三分景
红梅正报万家春

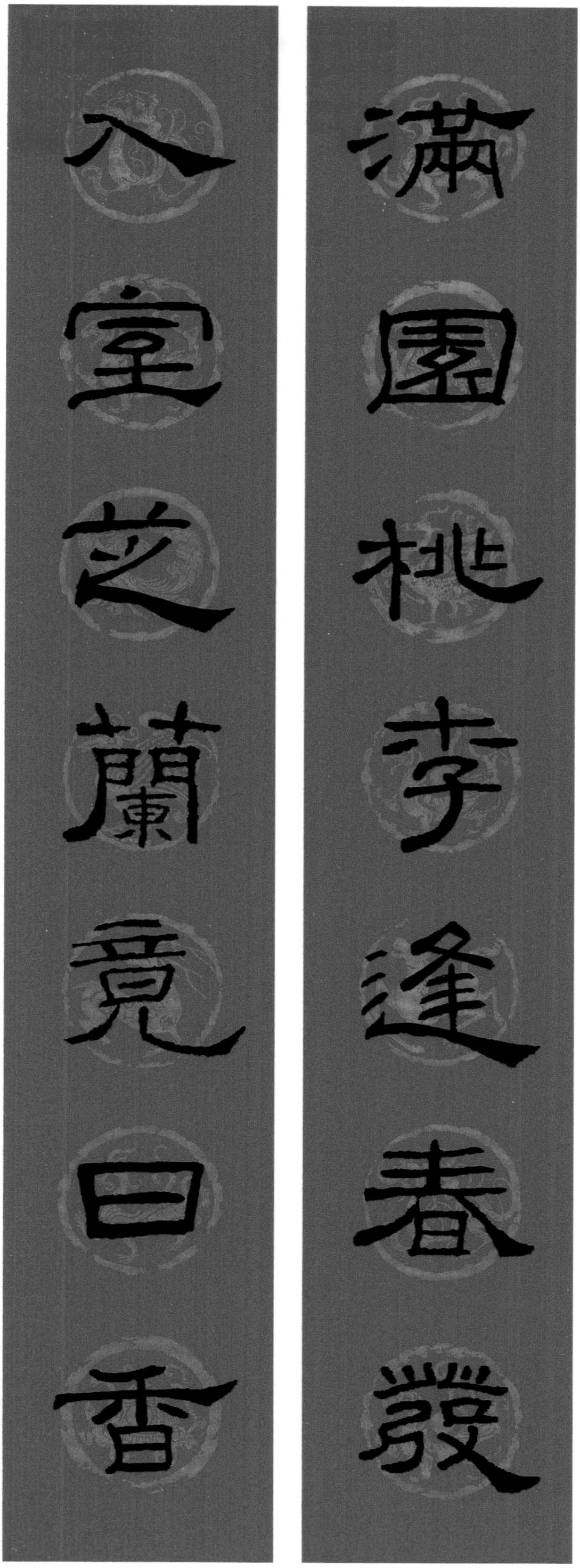

满园桃李逢春发
入室芝兰竞日香

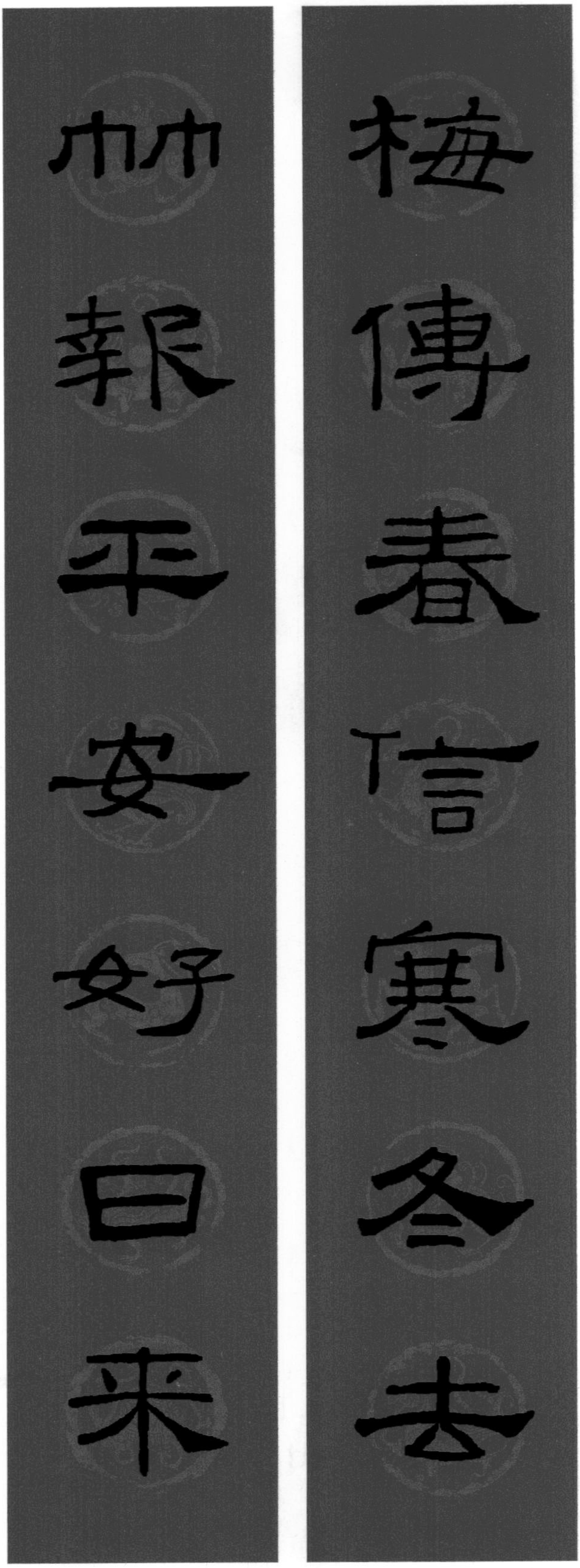

梅传春信寒冬去
竹报平安好日来

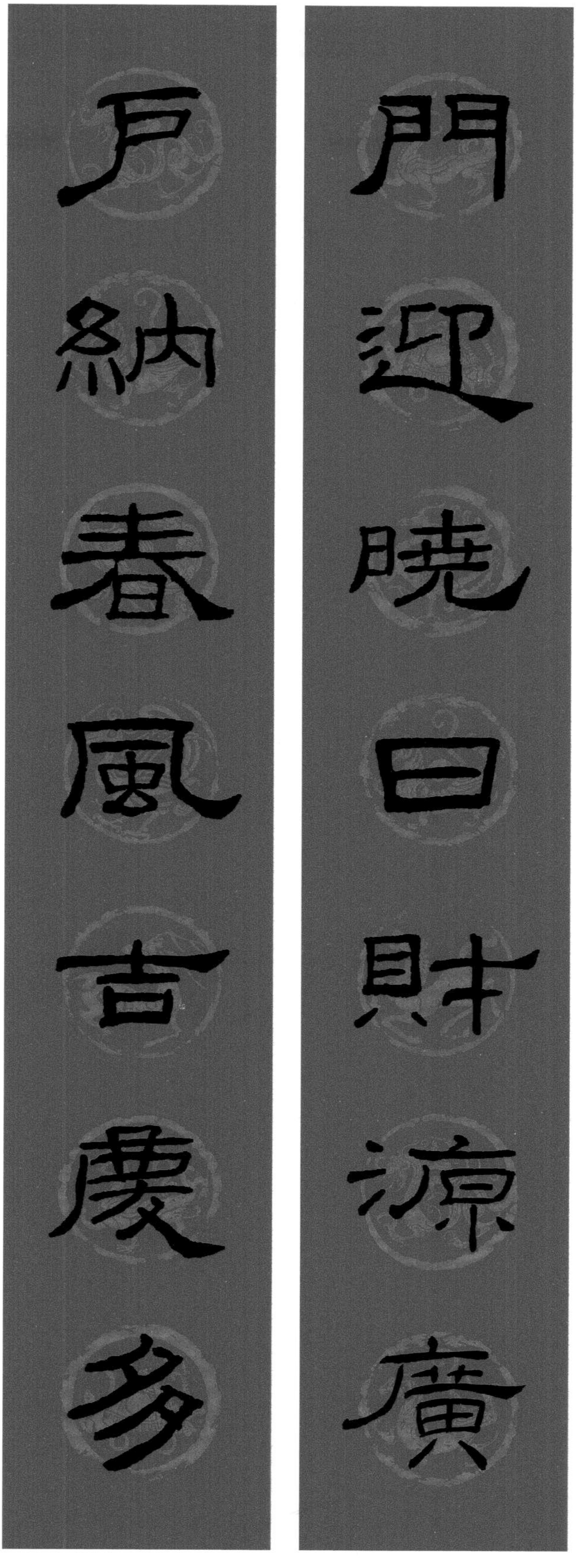
門迎曉日財源廣
戶納春風吉慶多

门迎晓日财源广
户纳春风吉庆多

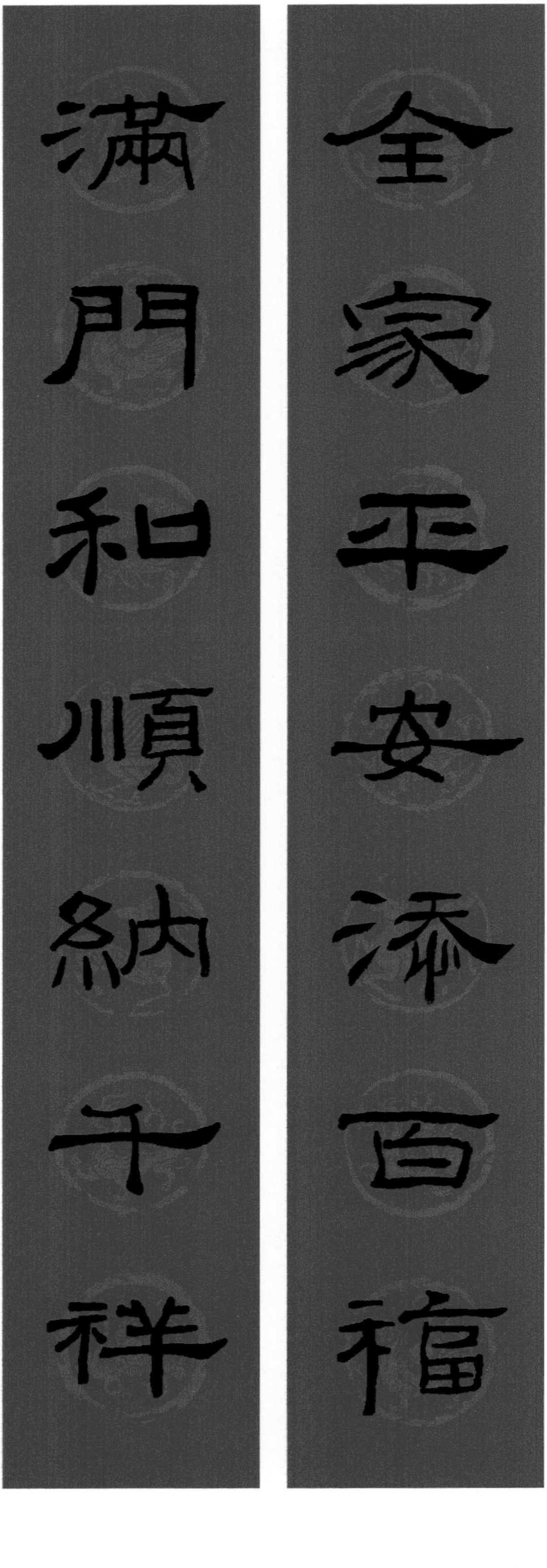

全家平安添百福
满门和顺纳千祥

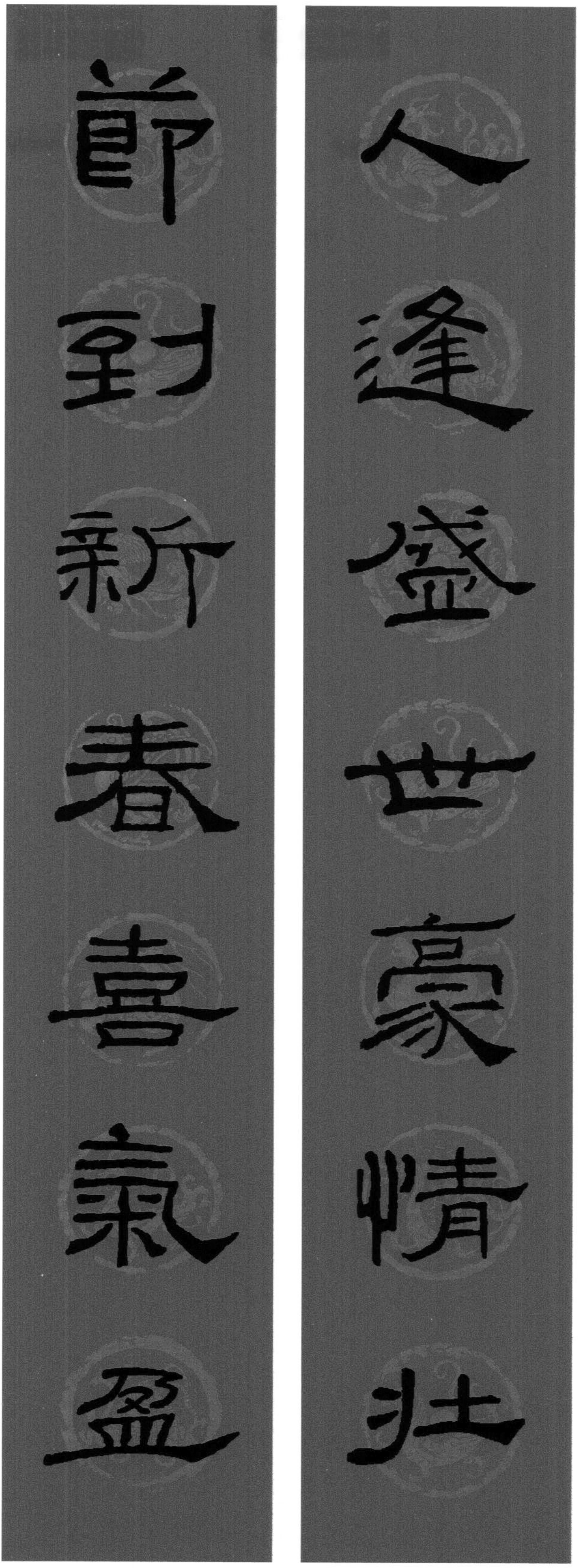

人逢盛世豪情壮
节到新春喜气盈

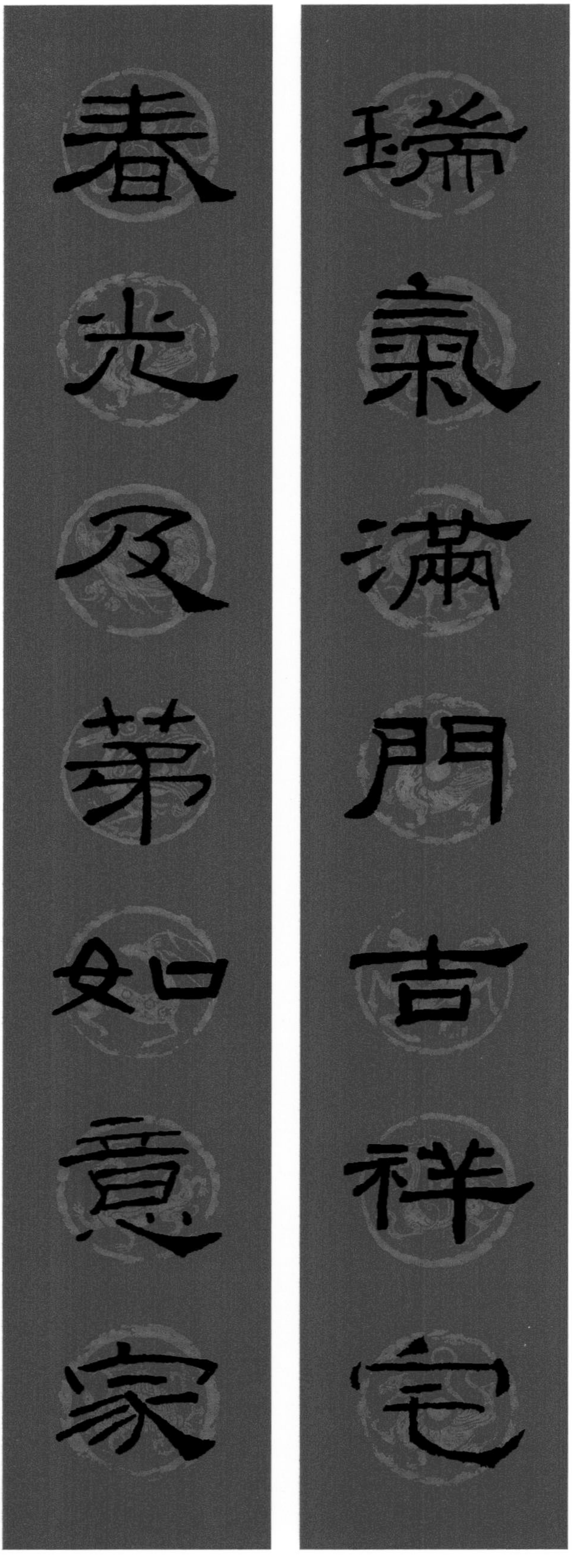

瑞气满门吉祥宅
春光及第如意家

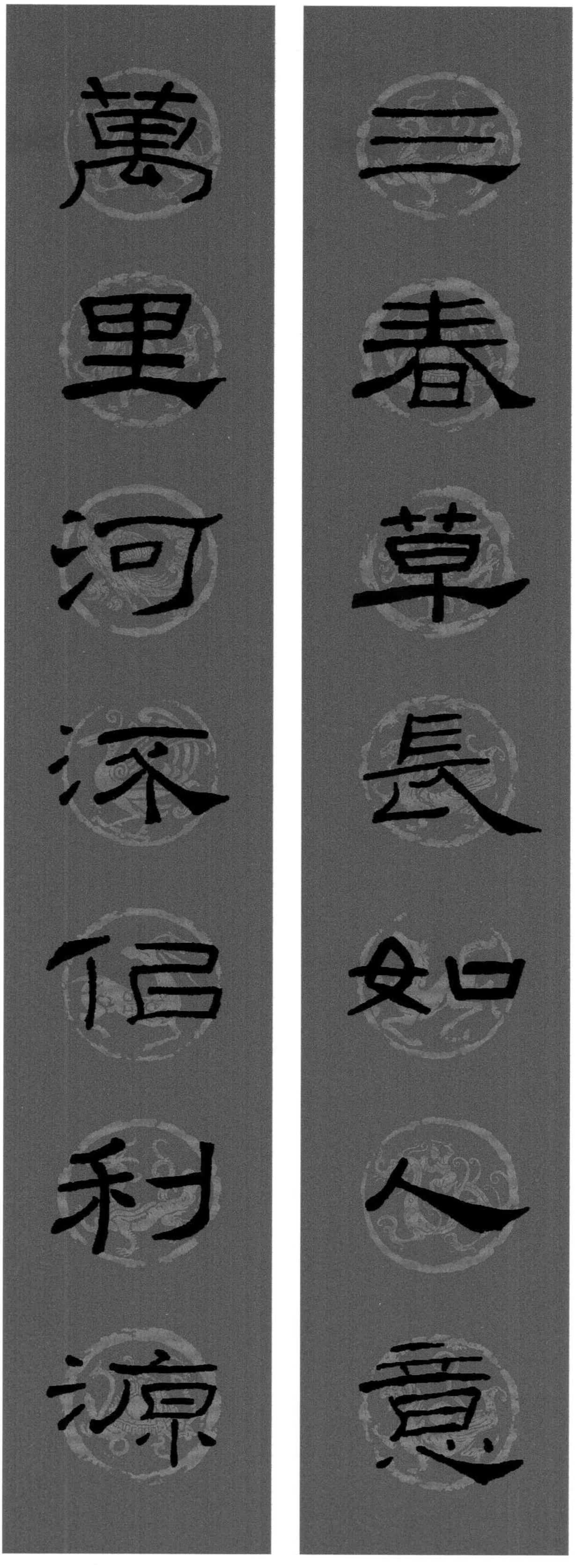

三春草长如人意
万里河流似利源

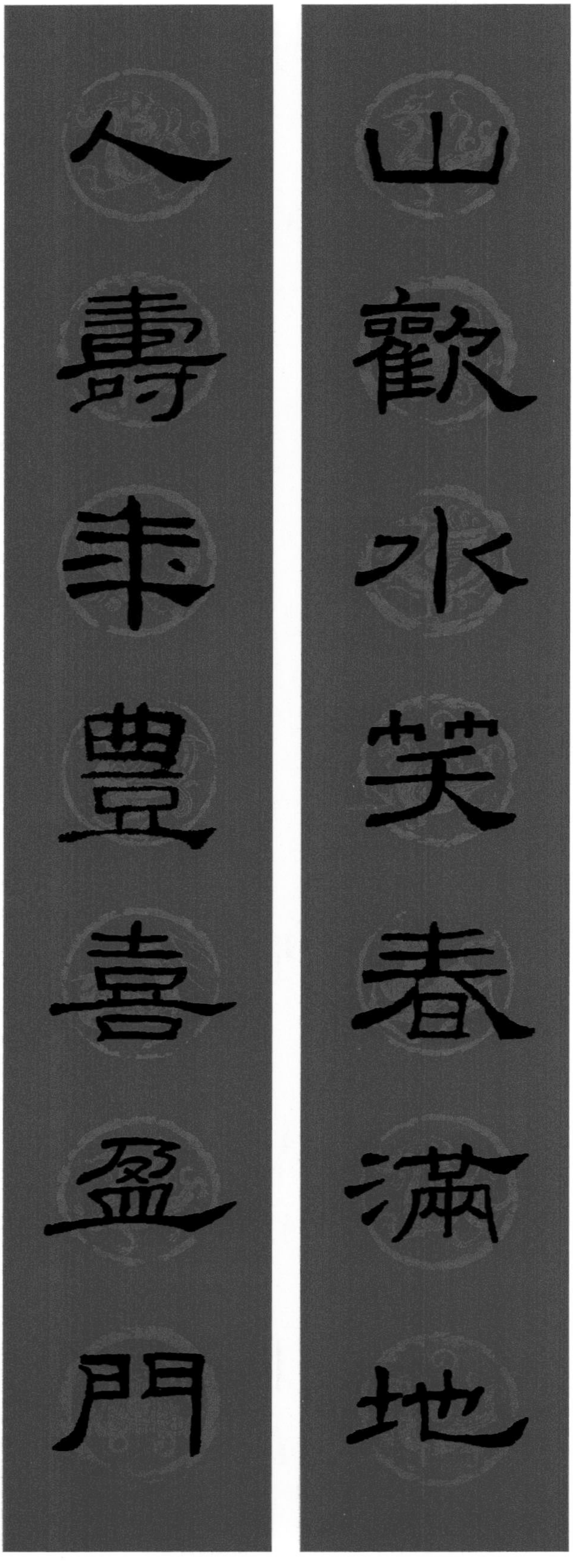

山欢水笑春满地
人寿年丰喜盈门

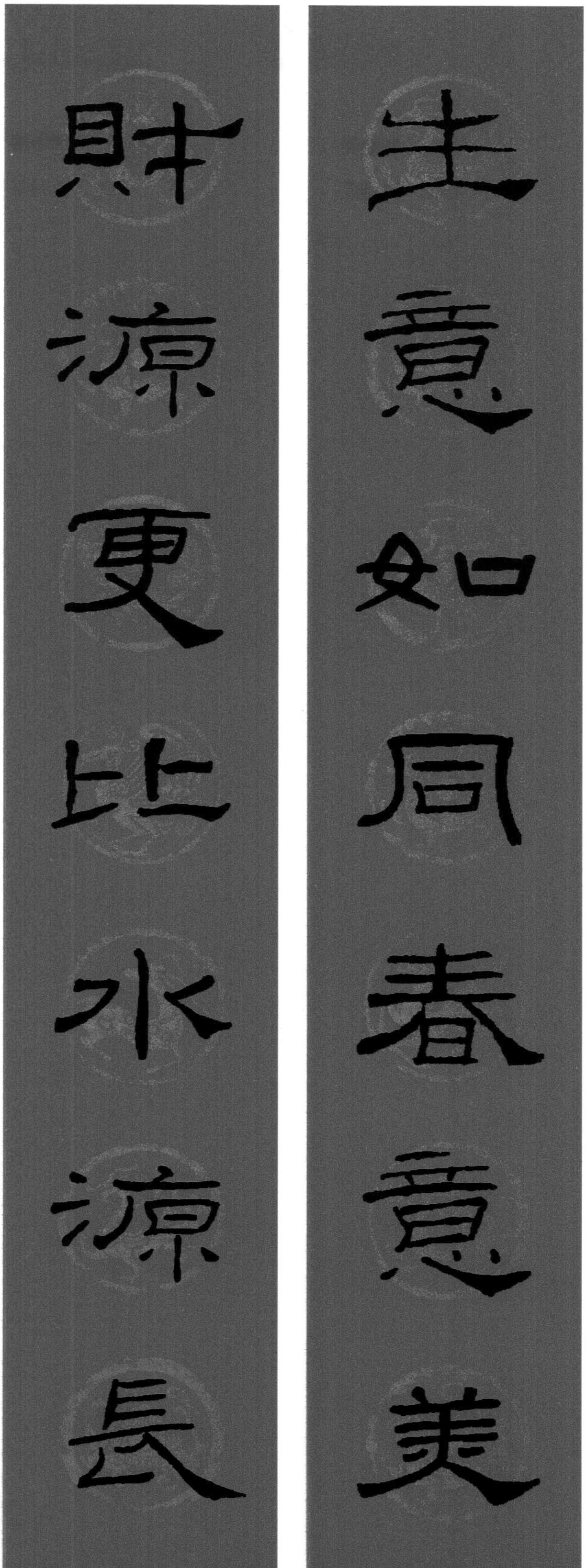

生意如同春意美
财源更比水源长

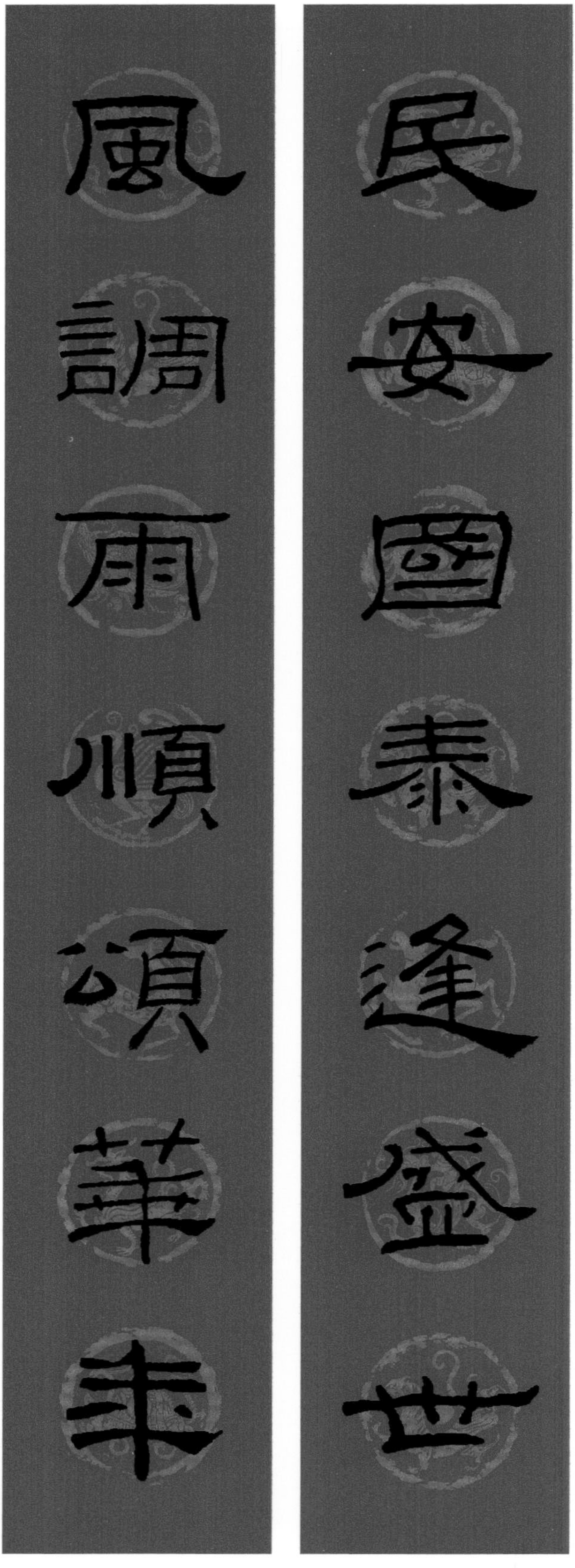

民安国泰逢盛世
风调雨顺颂华年

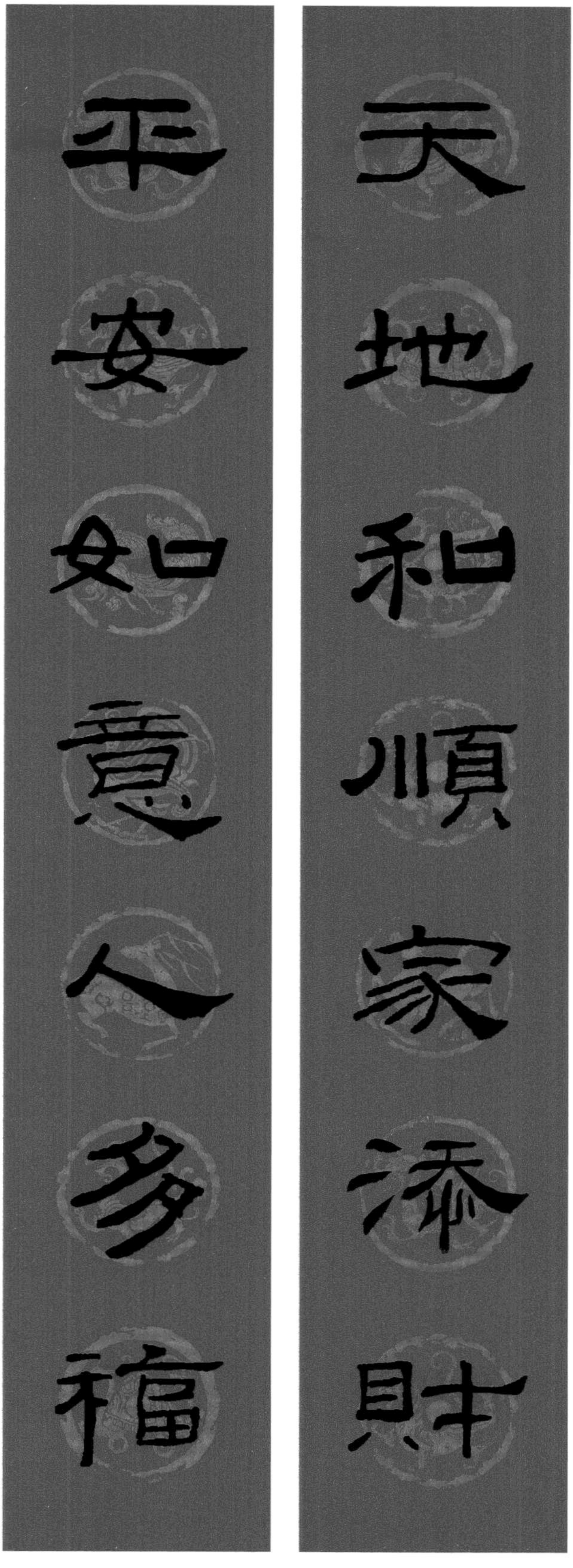

天地和顺家添财
平安如意人多福

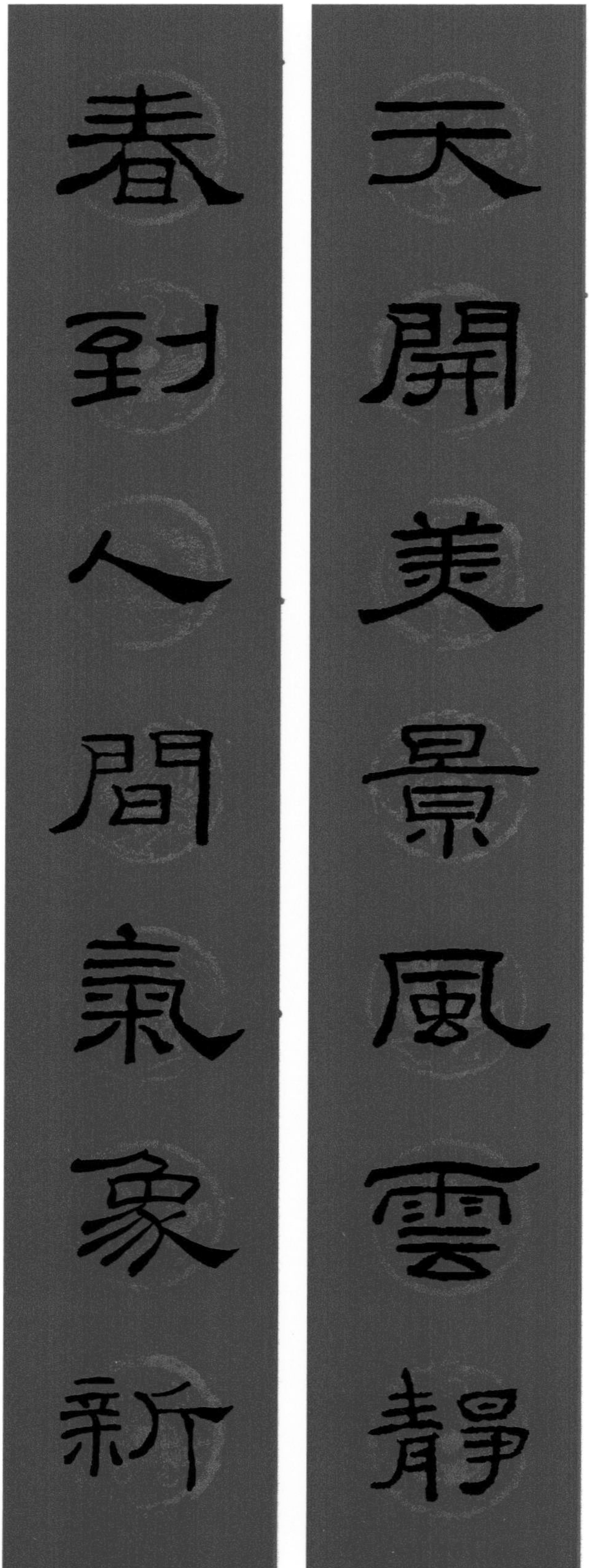
天開美景風雲靜
春到人間氣象新

天开美景风云静
春到人间气象新

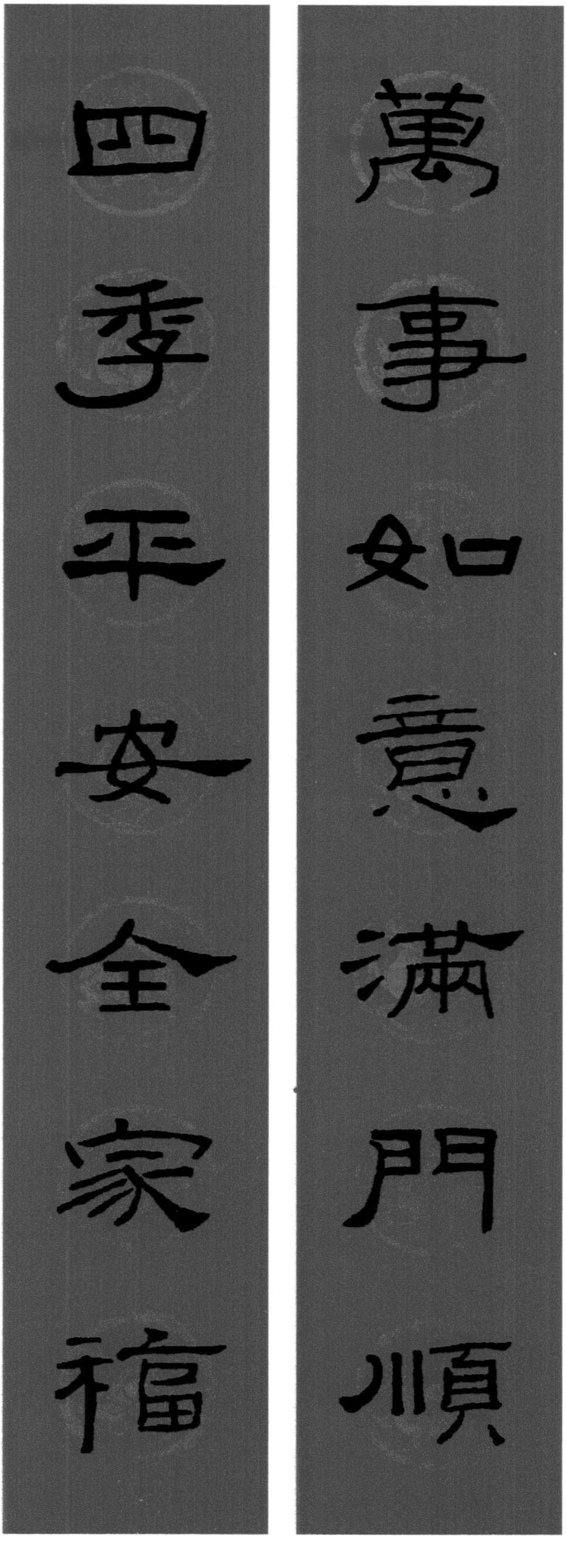

万事如意满门顺
四季平安全家福

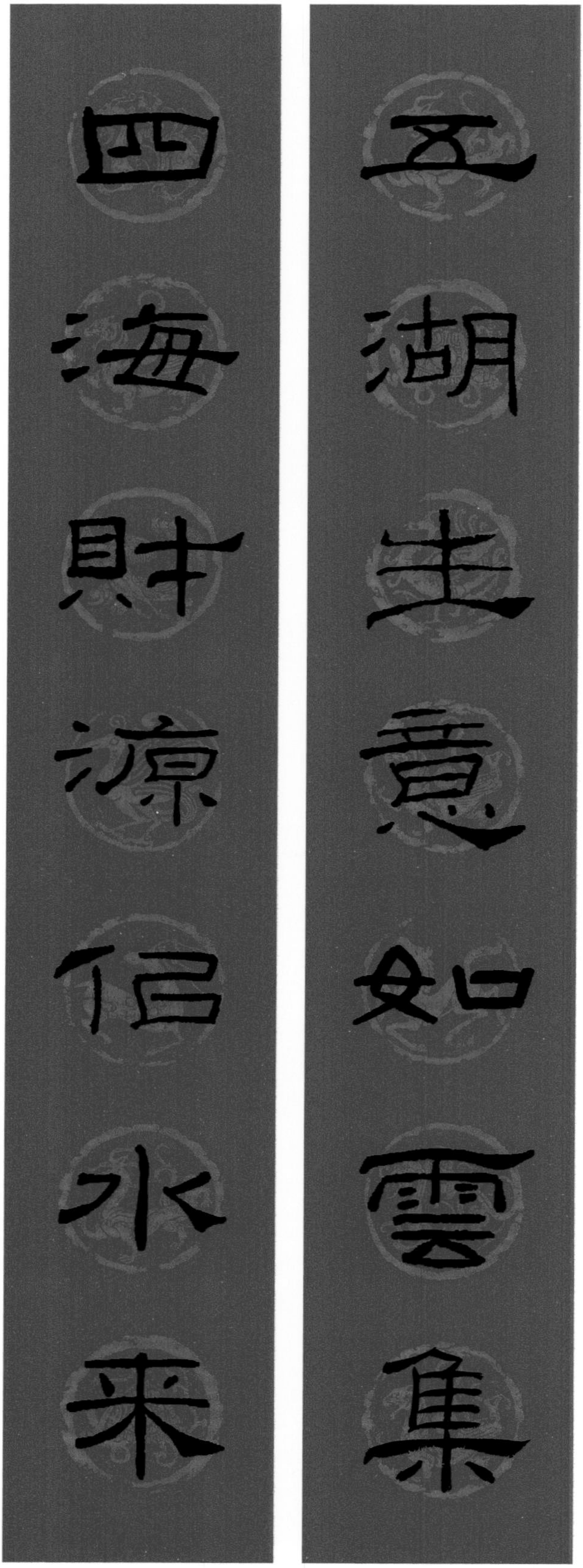

五湖生意如云集
四海财源似水来

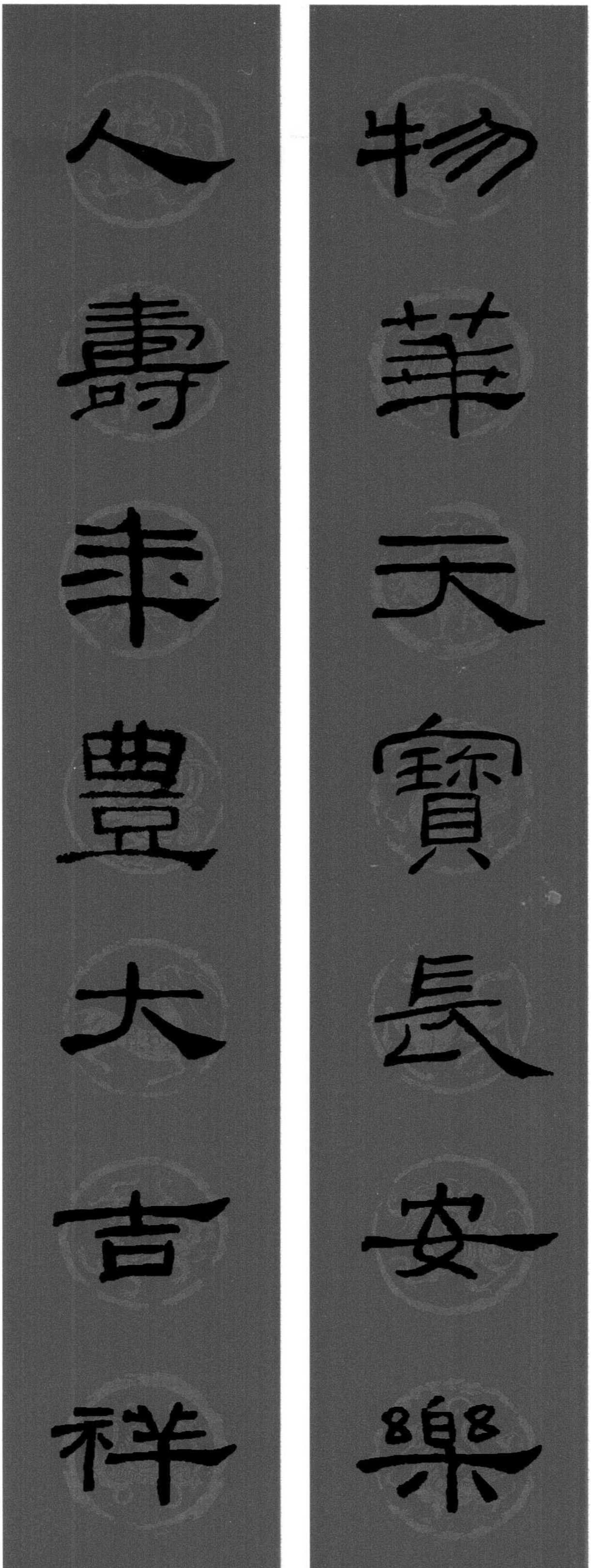
物華天寶長安樂
人壽年豐大吉祥

物华天宝长安乐
人寿年丰大吉祥

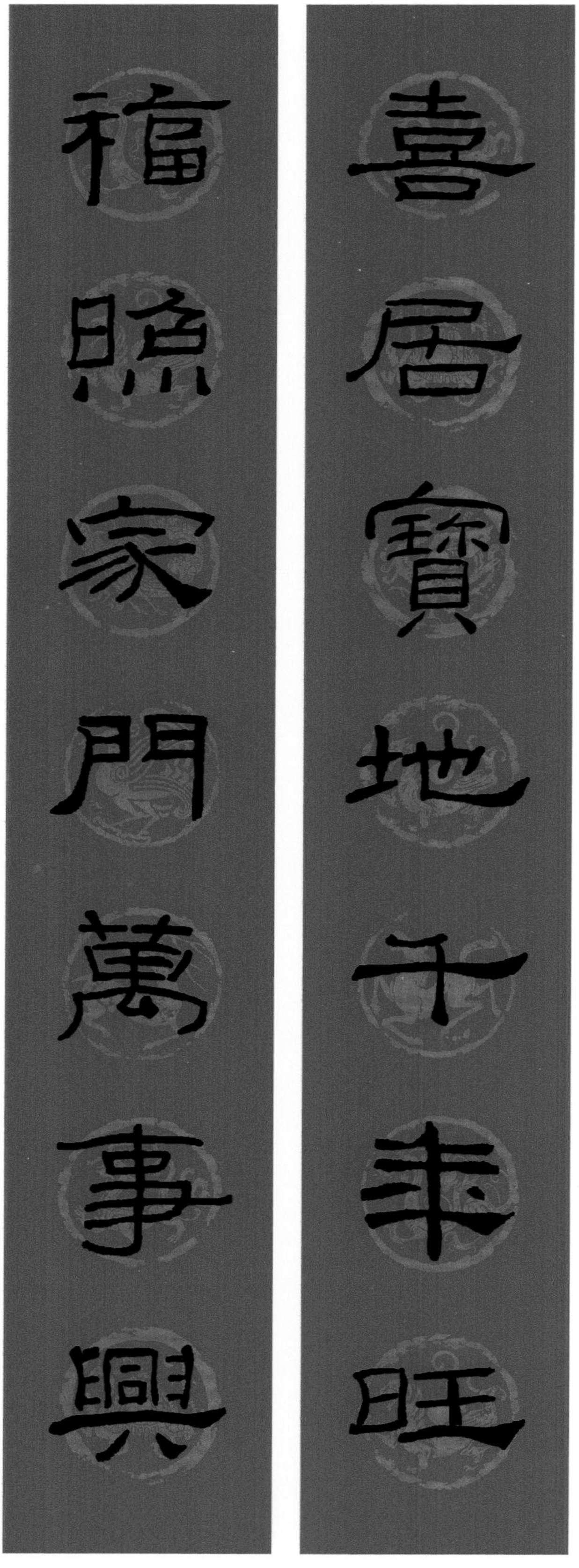

喜居宝地千年旺
福照家门万事兴

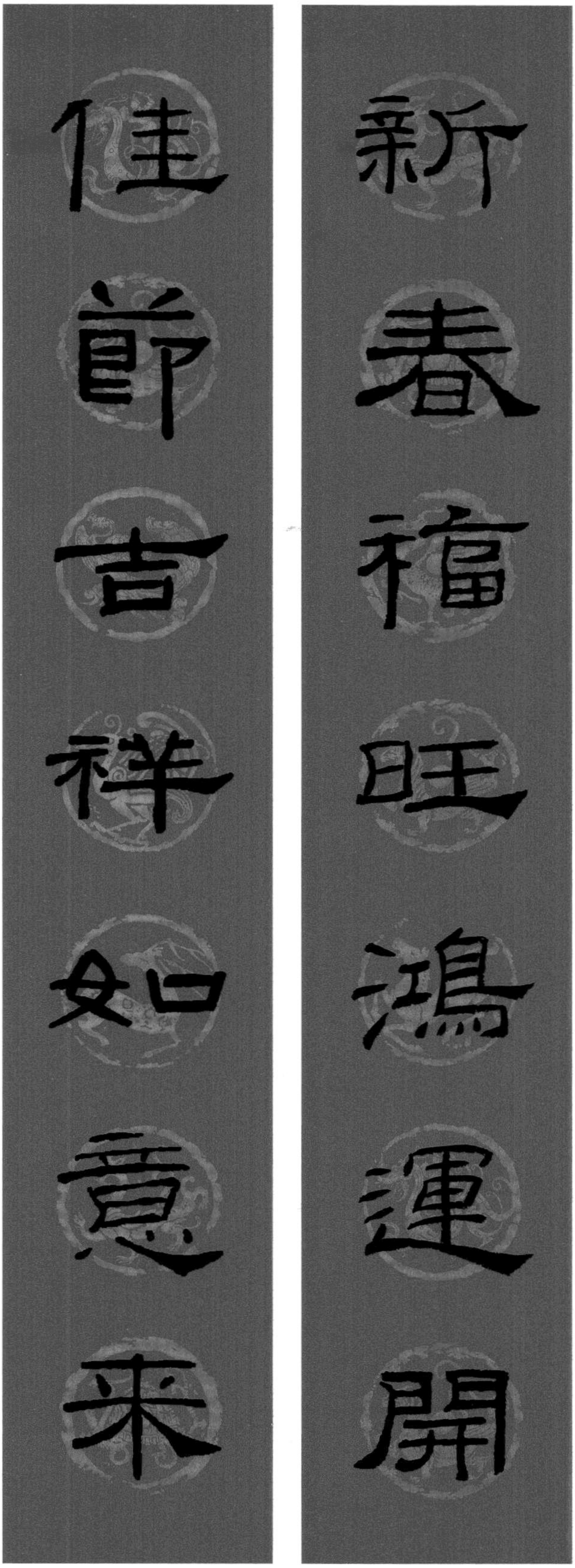

新春福旺鸿运开
佳节吉祥如意来

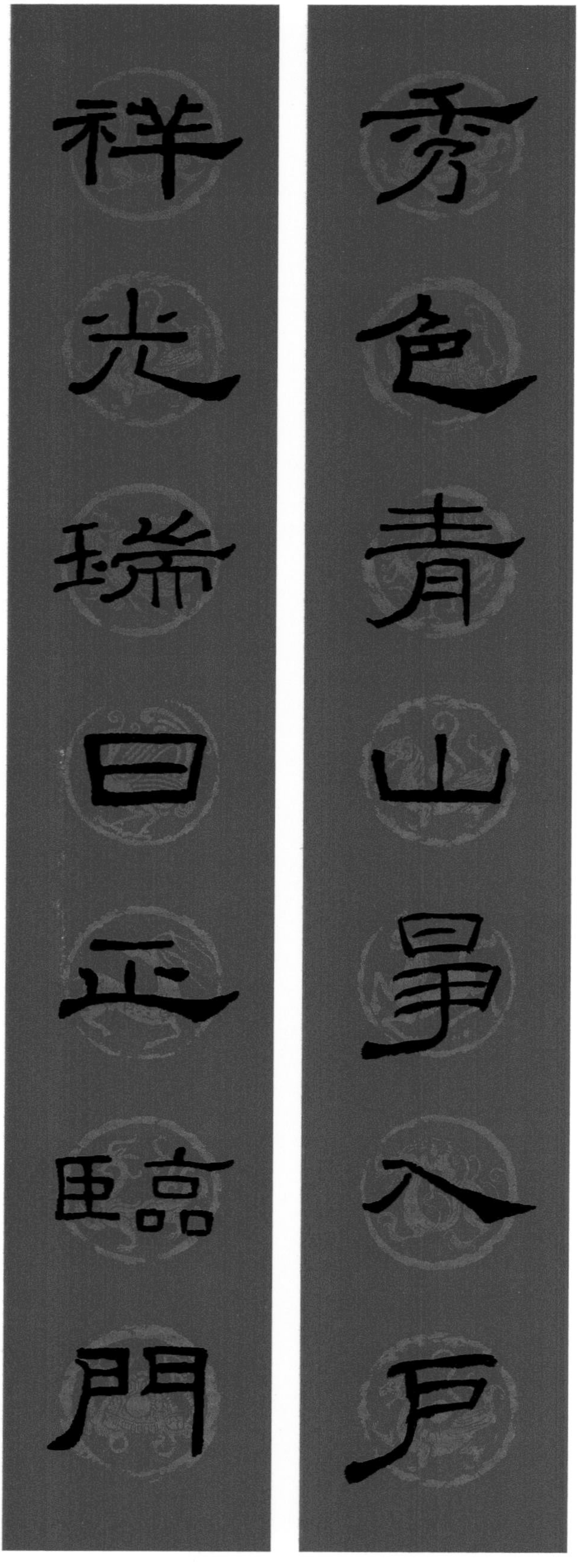

秀色青山争入户
祥光瑞日正临门

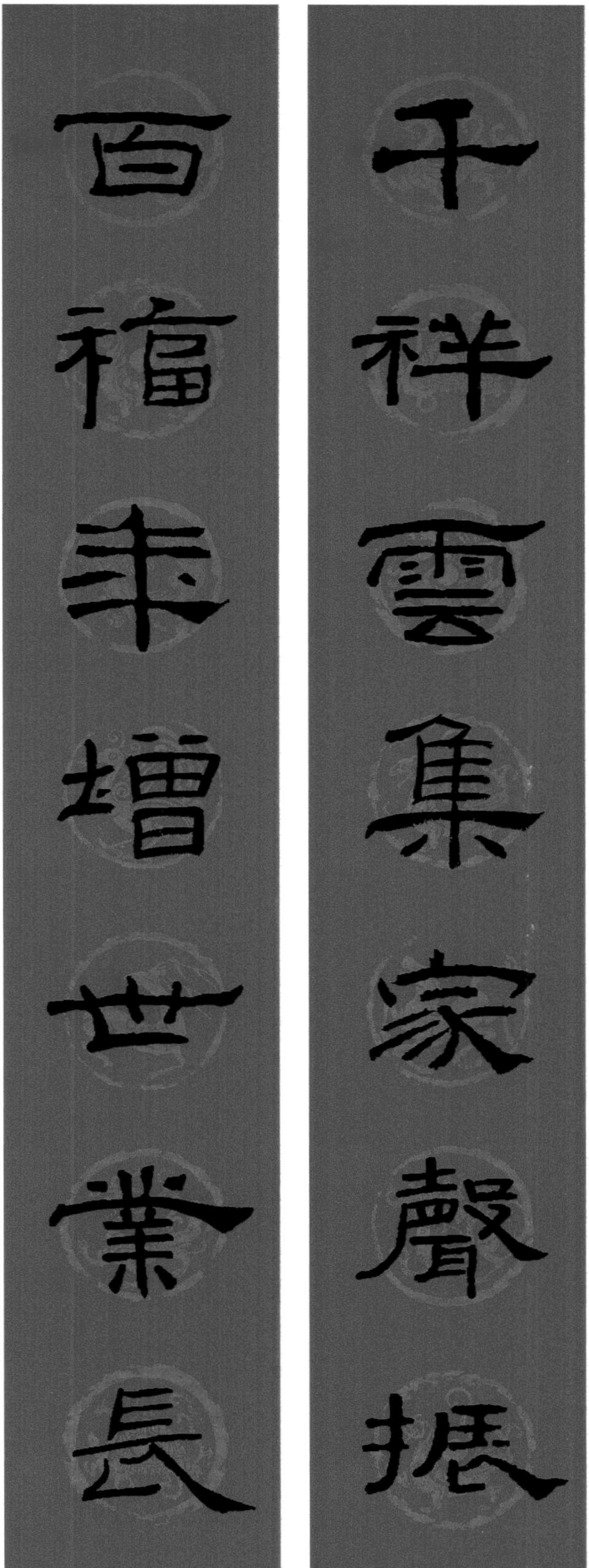
千祥雲集家聲振
百福年增世業長

千祥云集家声振
百福年增世业长

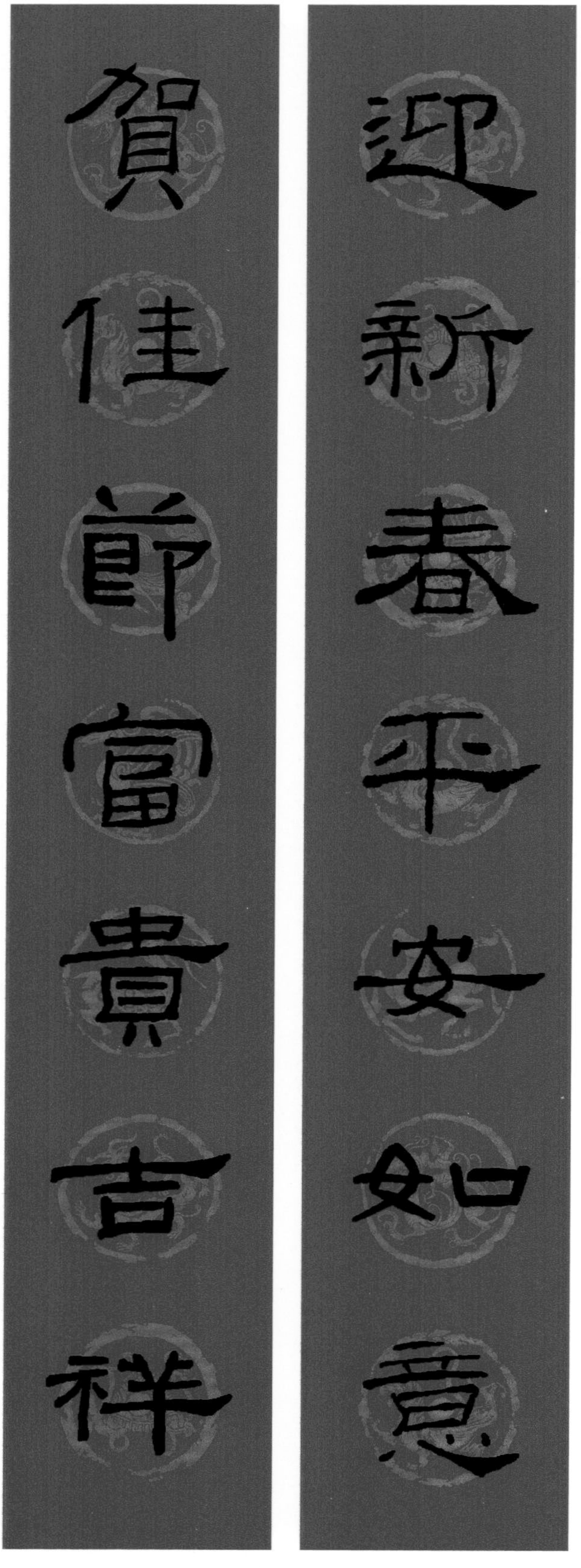

迎新春平安如意
贺佳节富贵吉祥

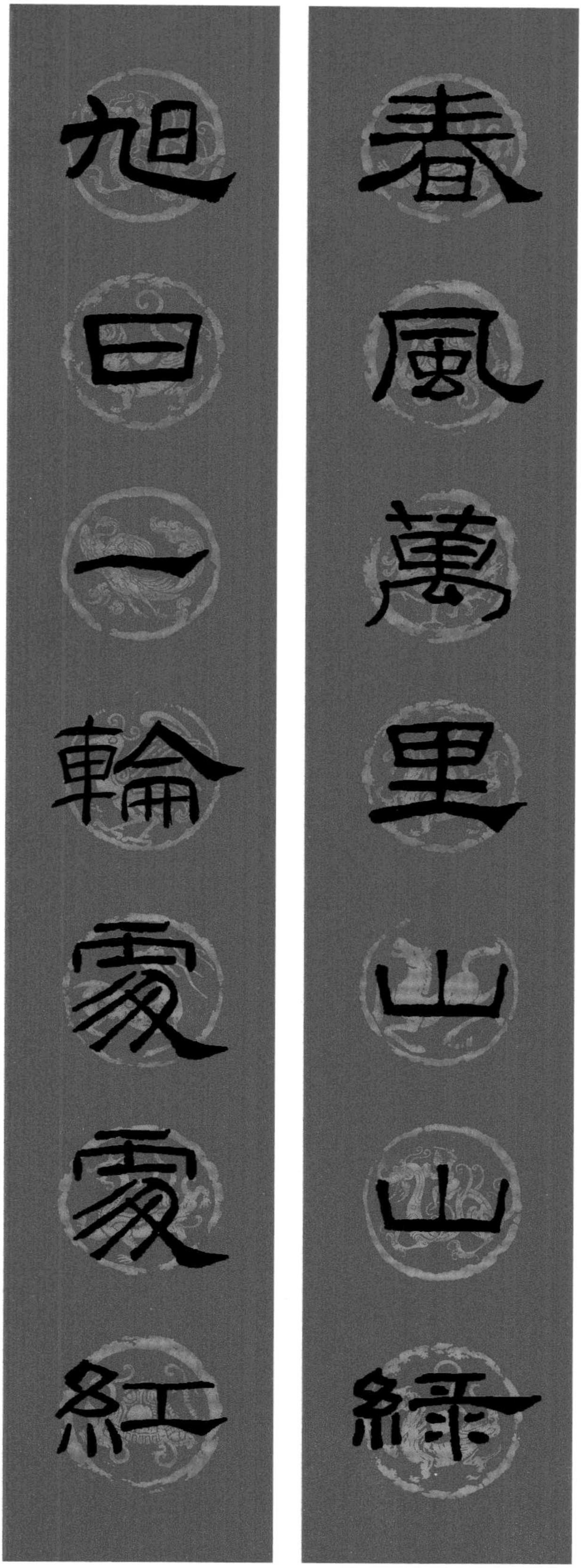

春风万里山山绿
旭日一轮处处红

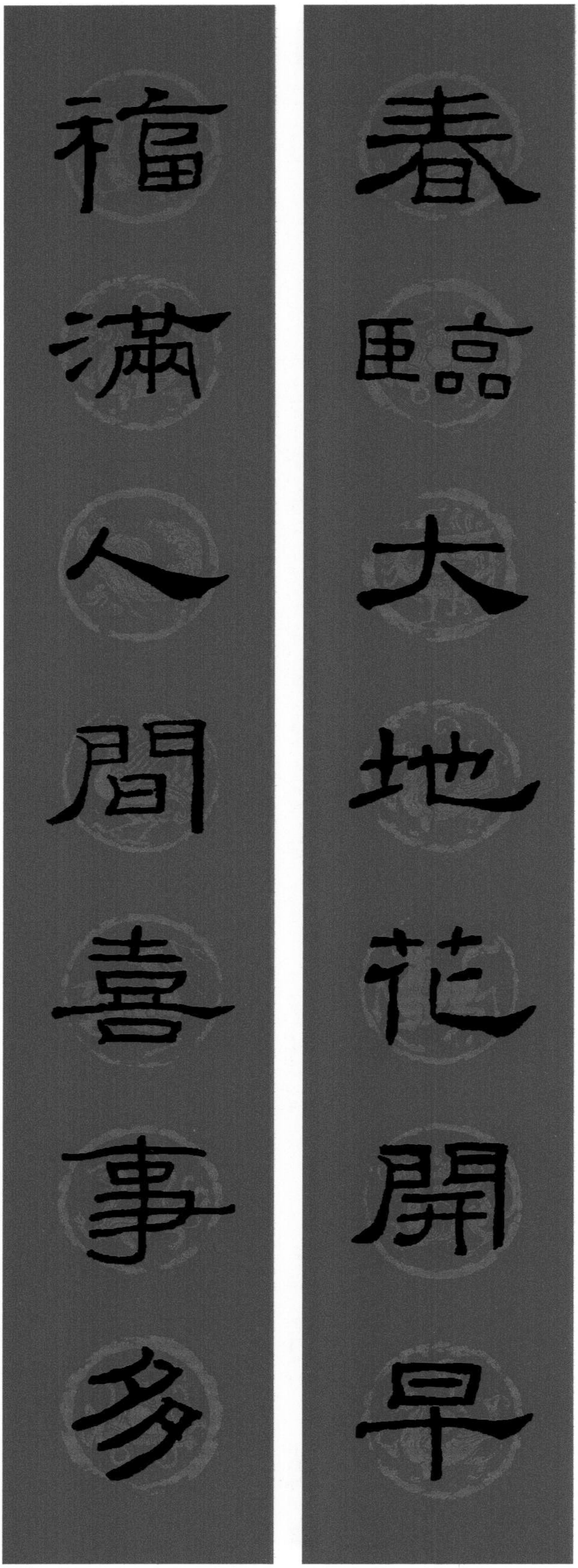

春临大地花开早
福满人间喜事多

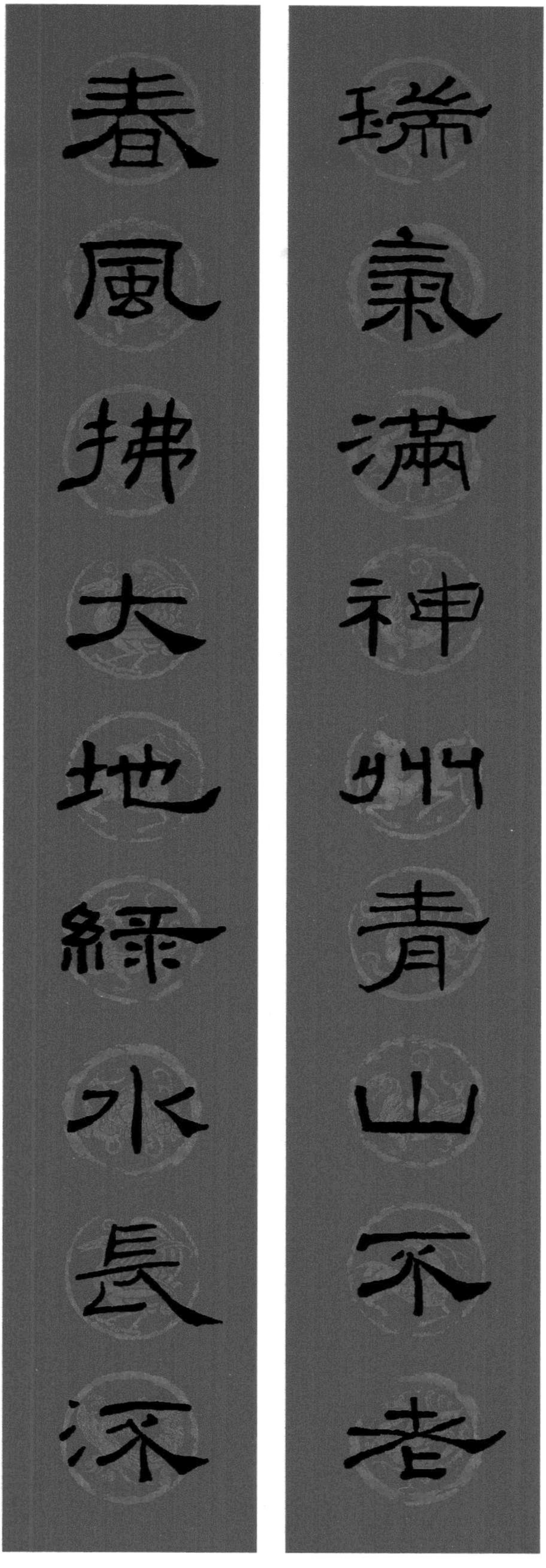
瑞氣滿神州青山不老
春風拂大地綠水長流

瑞气满神州青山不老
春风拂大地绿水长流

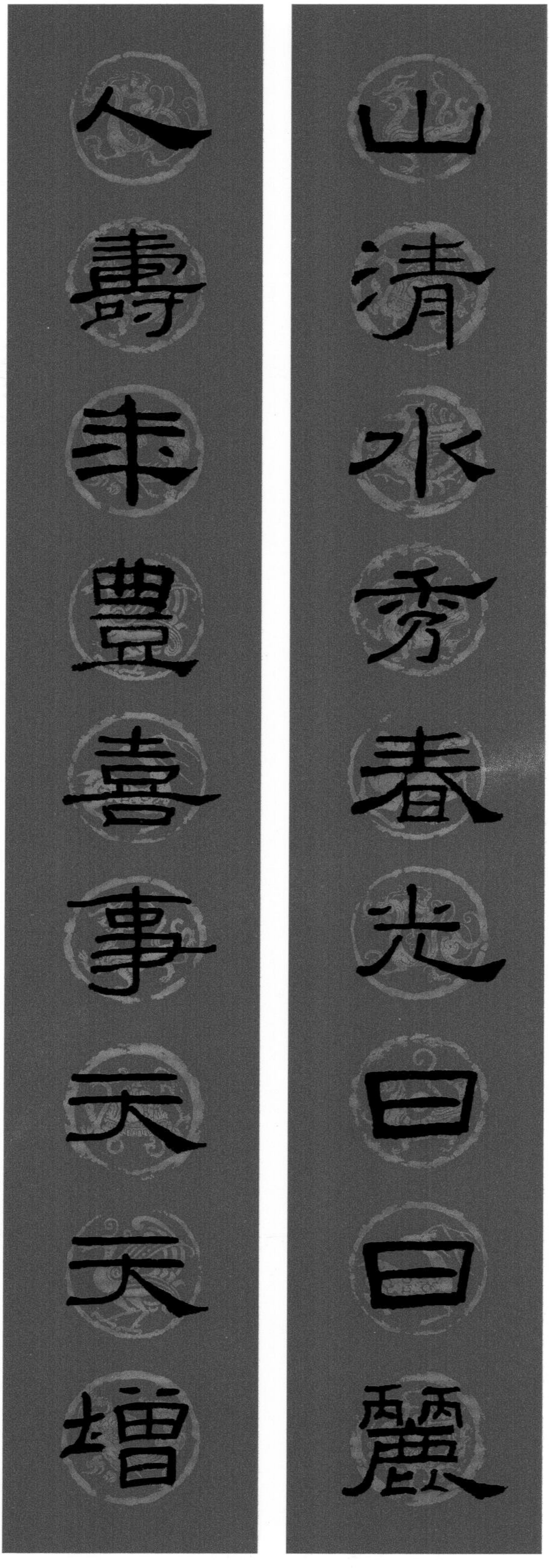

山清水秀春光日日丽
人寿年丰喜事天天增

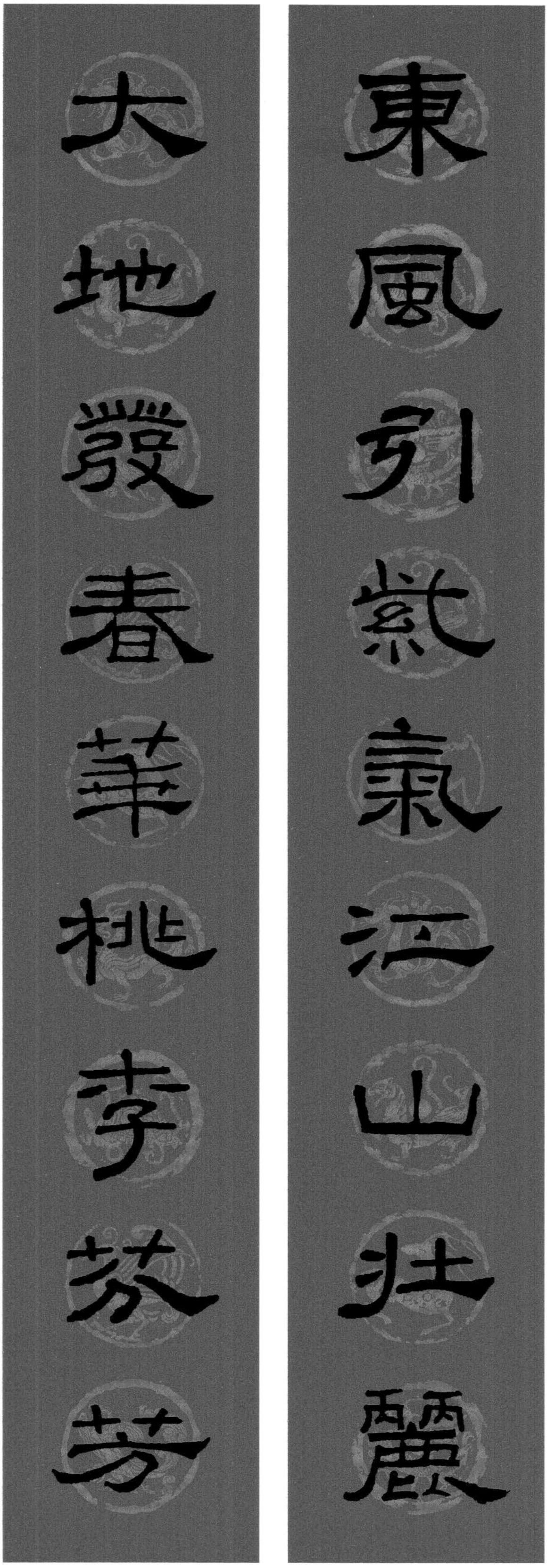
東風引紫氣江山壯麗
大地發春華桃李芬芳

东风引紫气江山壮丽
大地发春华桃李芬芳

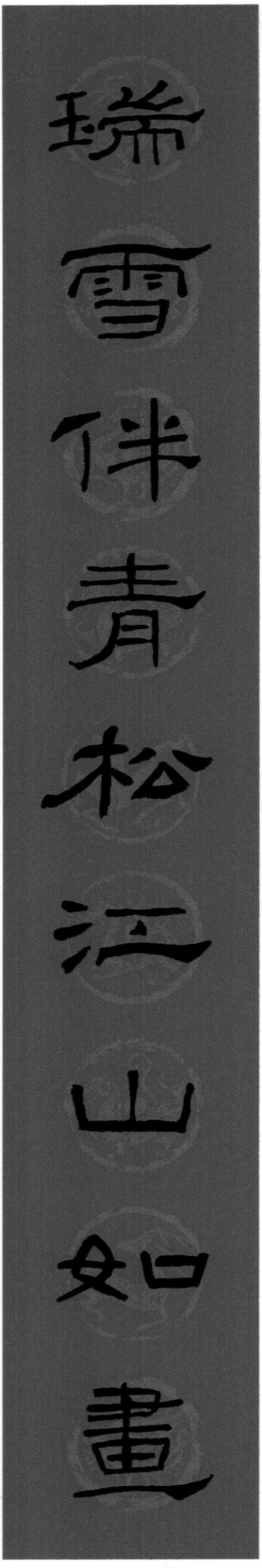

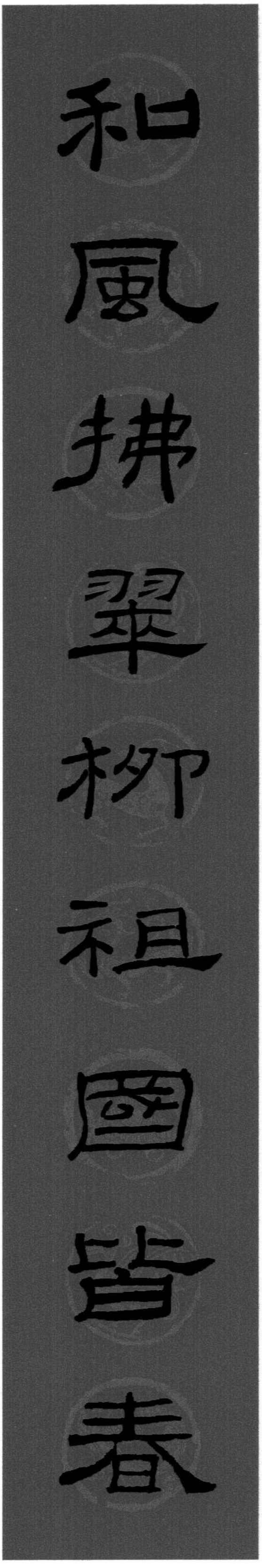

瑞雪伴青松江山如画

和风拂翠柳祖国皆春

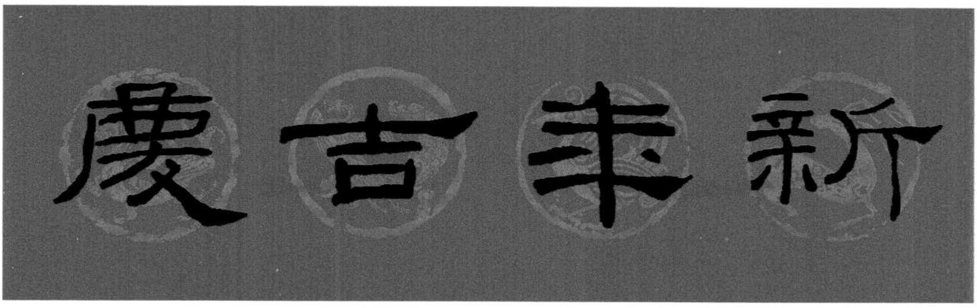

新年吉庆

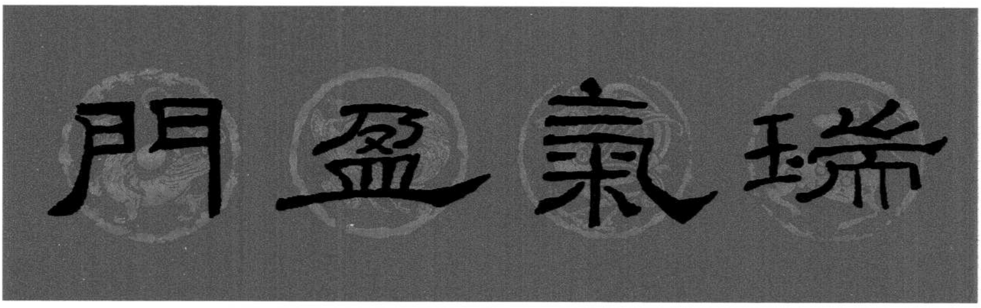

瑞气盈门

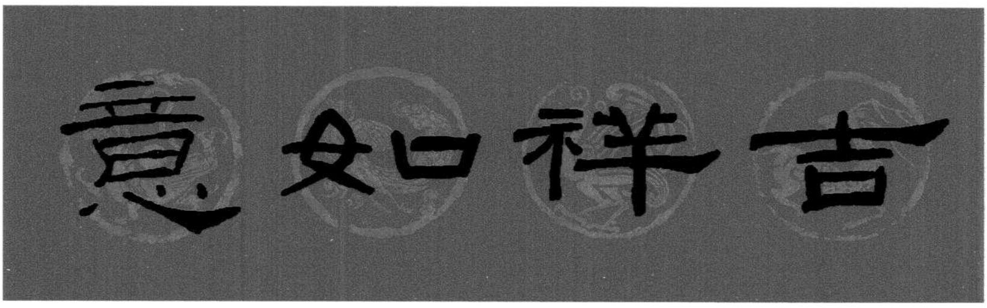

吉祥如意

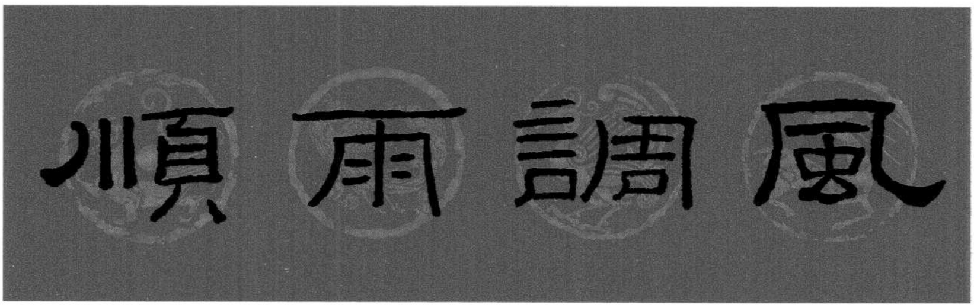

风调雨顺

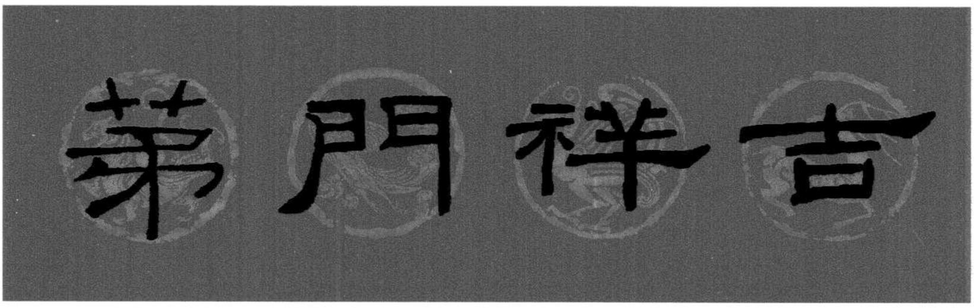

吉祥门第

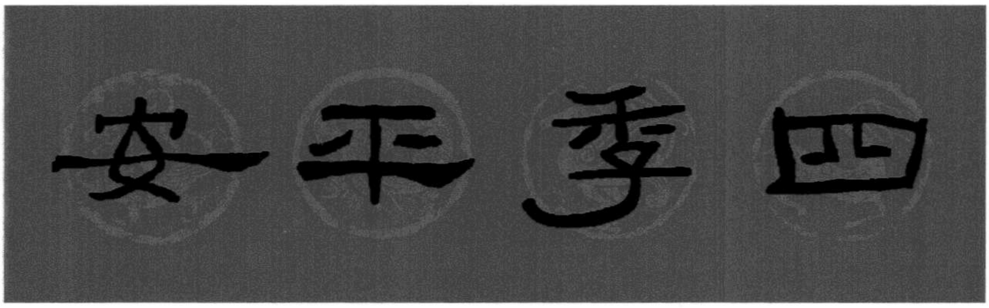

四季平安

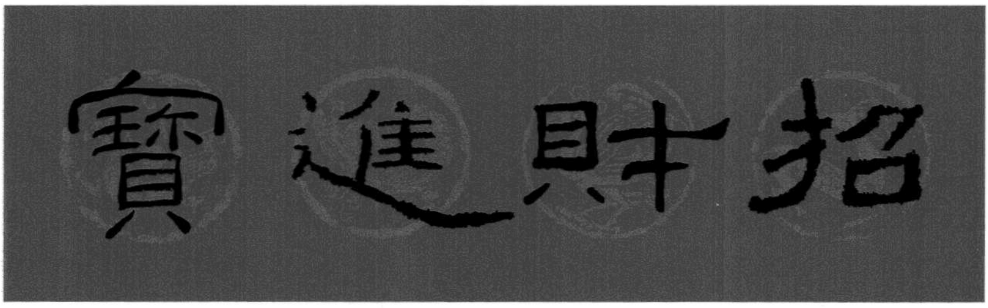

招财进宝

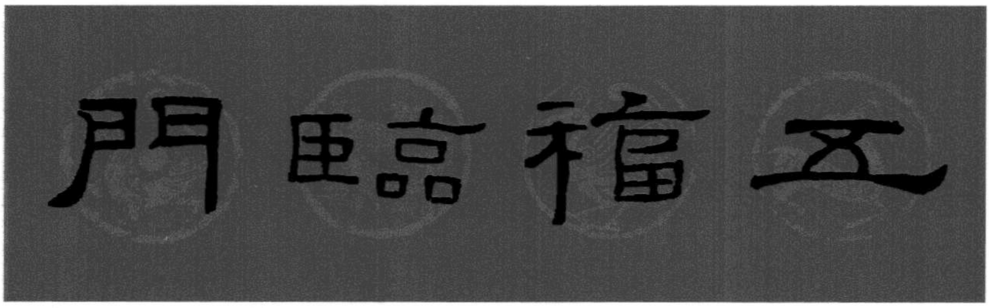

五福临门

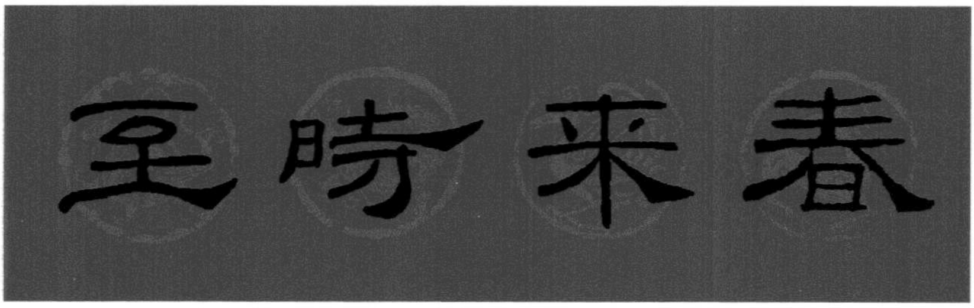

春来时至

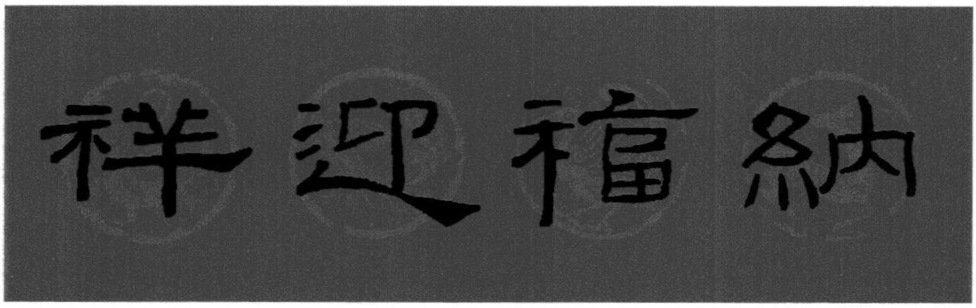

纳福迎祥

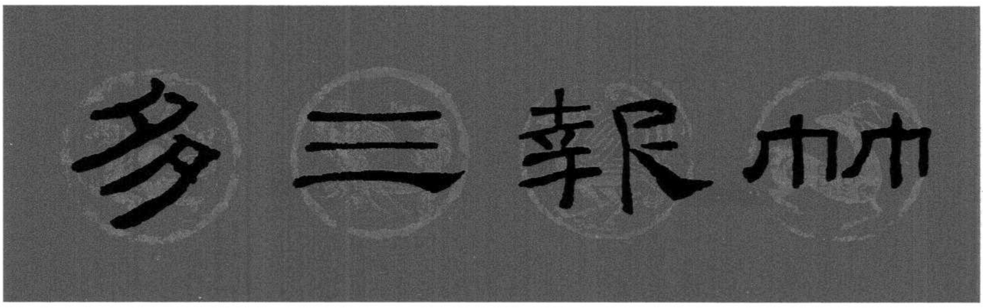

竹报三多

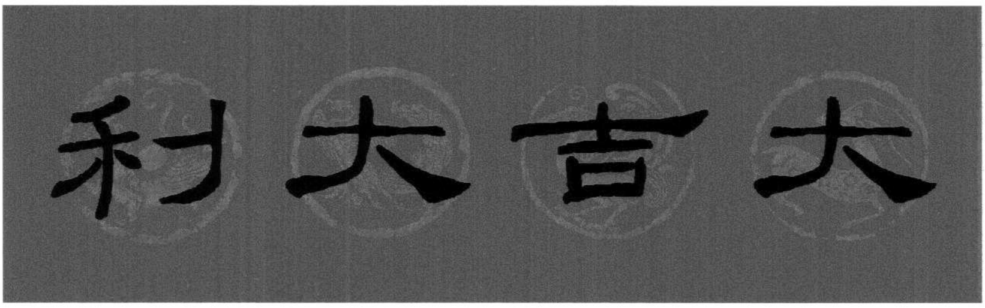

大吉大利

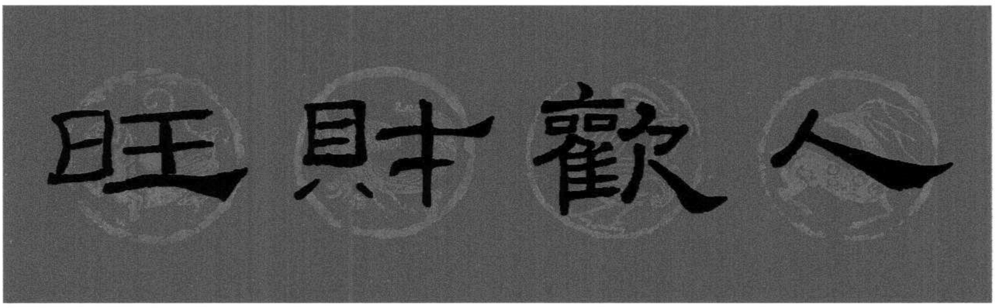

人欢财旺

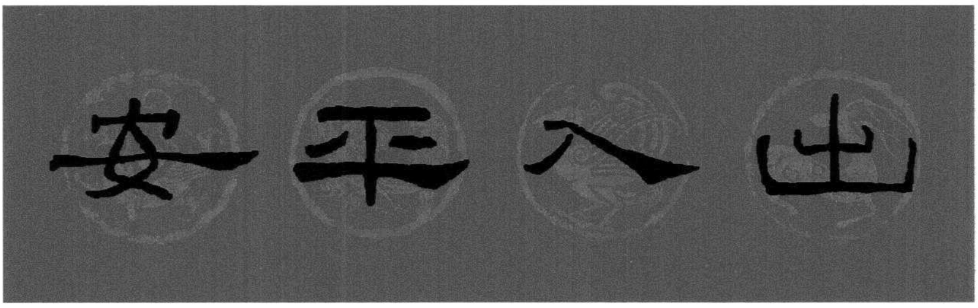

出入平安

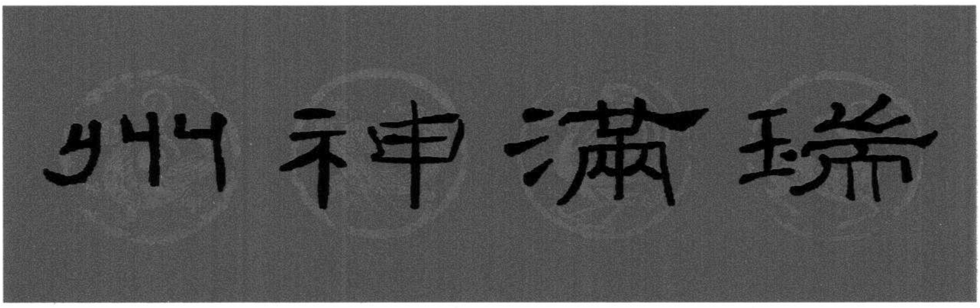

瑞满神州

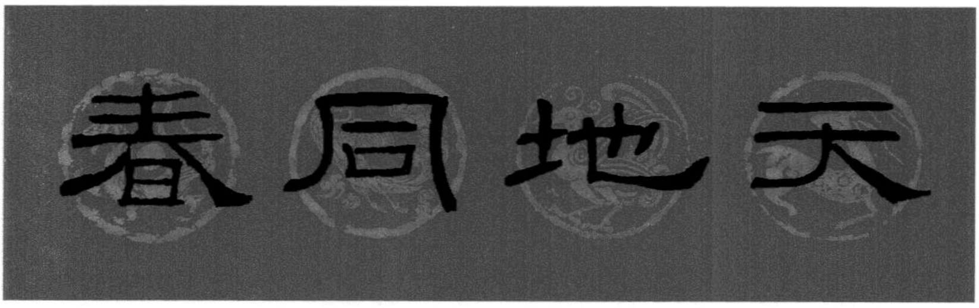

天地同春

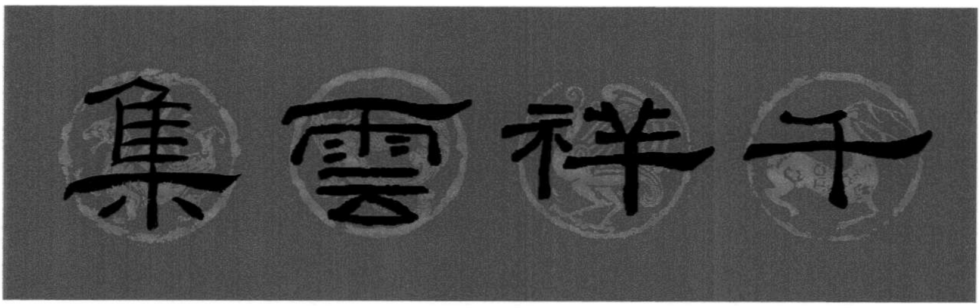

千祥云集

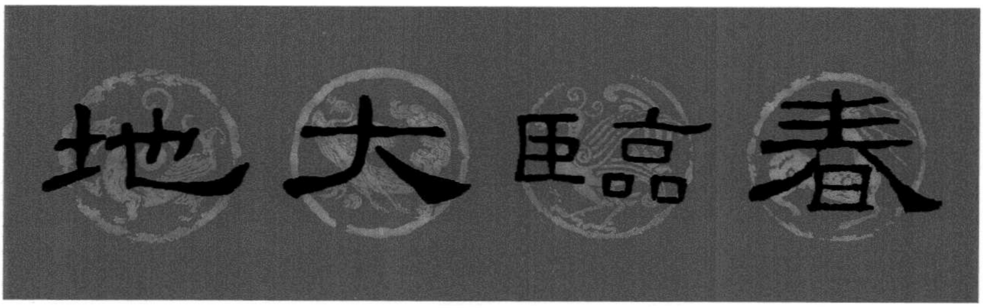

春临大地

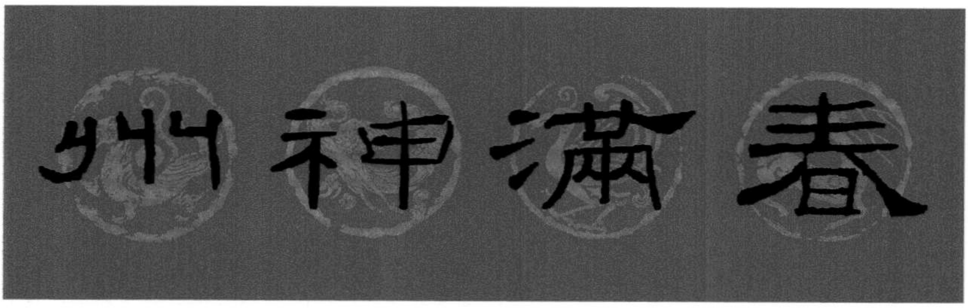

春满神州

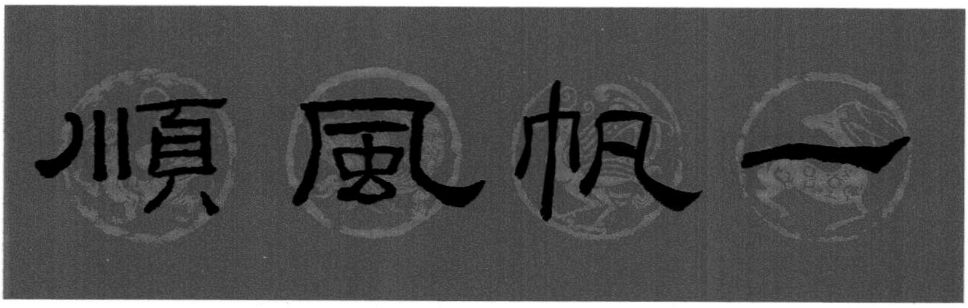

一帆风顺

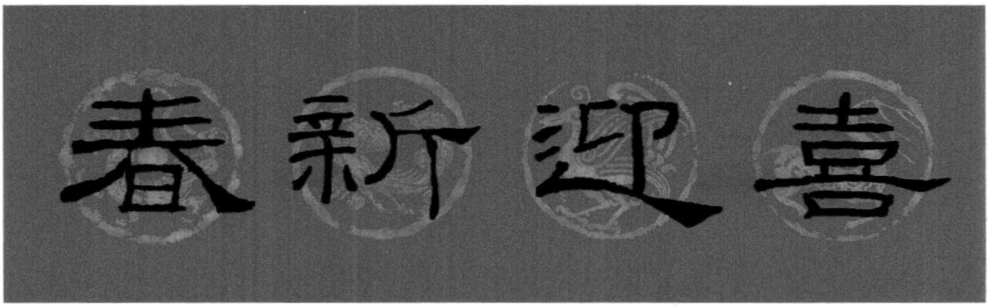

喜迎新春

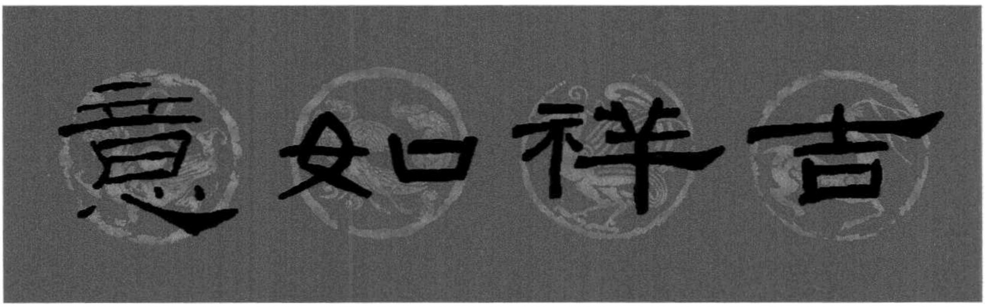

吉祥如意

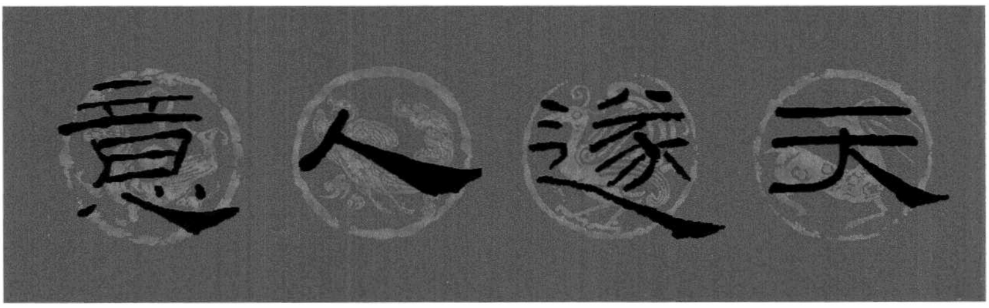

天遂人意

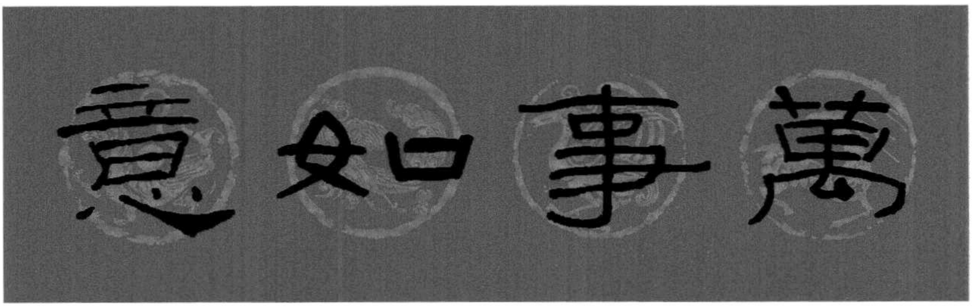

万事如意

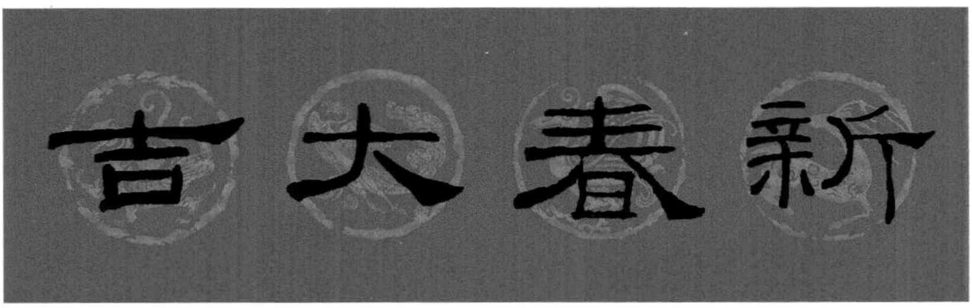

新春大吉

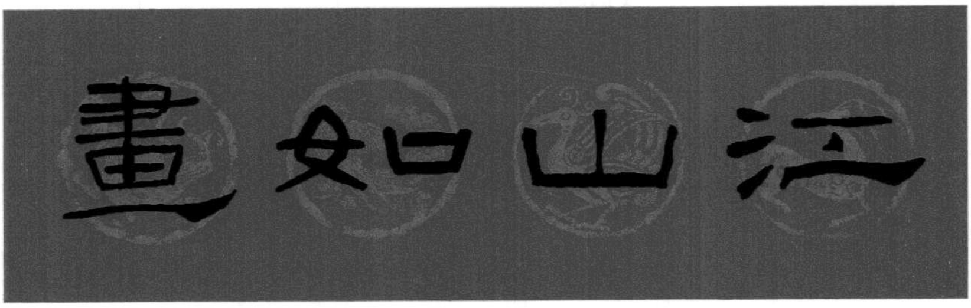

江山如画

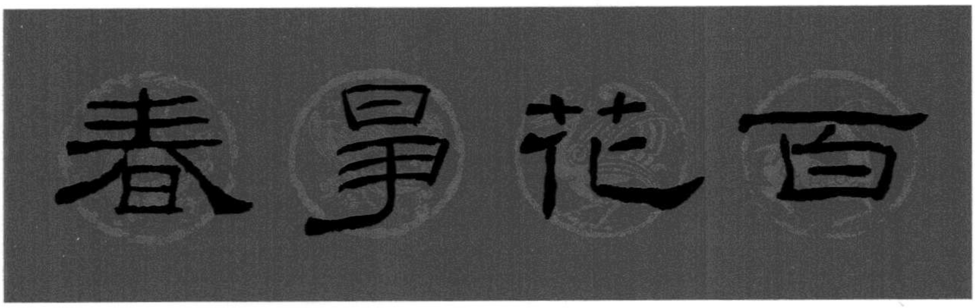

百花争春

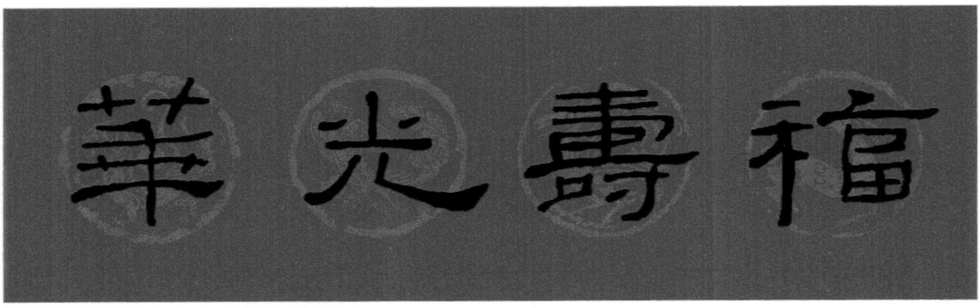

福寿光华

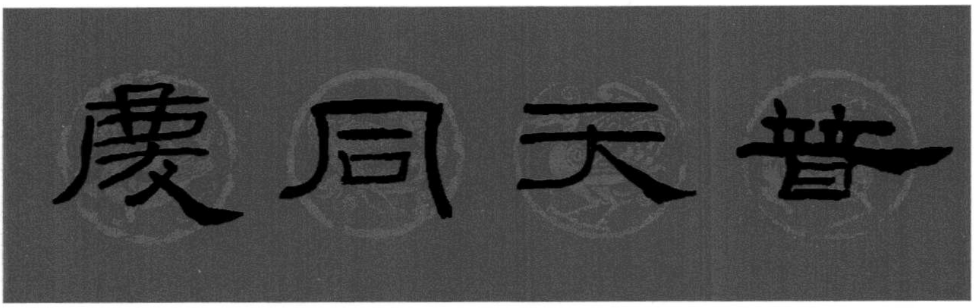

普天同庆

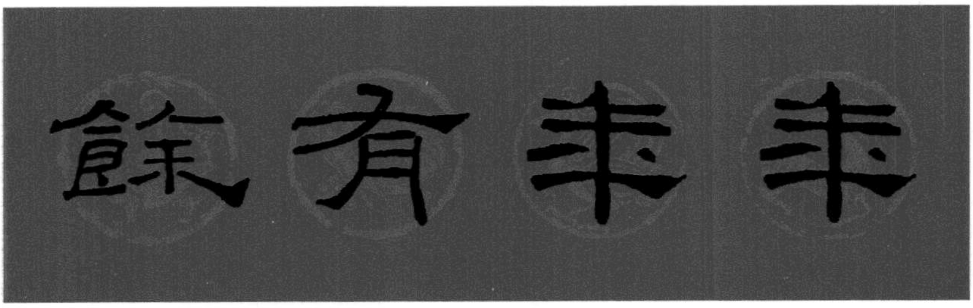

年年有余